商業周刊人物

走過關鍵年代

國立中央圖書館出版品預行編目資料

走過關鍵年代：汪彝定回憶錄 ／ 汪彝定著 ．--
初版．--臺北市 ： 商周文化發行；［臺北縣
新店市］：農學社總經銷，民80
面 ； 公分． --（商業周刊人物）
ISBN 957-9002-25-8（平裝）

1． 汪彝定 - 傳記

782.886 80003419

商業周刊人物

走過關鍵年代

著　　者／汪彝定
責任編輯／余幸娟

發 行 人／金惟純
發 行 所／商周文化事業股份有限公司
社　　址／臺北市永康街 17 巷 21-1 號
郵　　撥／1173141-9 商周文化事業股份有限公司
電　　話／（02）312-1357

印　　刷／鴻柏印刷事業有限公司
地　　址／臺北市汀州街 782 號 6 樓之 6
電　　話／（02）365-5808
總 經 銷／農學社
□1991 年（民 80）10 月 14 日初版

行政院新聞局局版臺業字第 4081 號
售價／250元

ISBN 957-9002-25-8

走過關鍵年代

汪彝定回憶錄

汪彝定／著

自序

寫回憶錄是有高名重望者之事，我不具此條件。然而，我有敏銳的感覺，可以測到社會的脈動，我又勤於筆墨，可以把所見、所聞、所思之事整輯而成記錄。我未居高位重權，反而可以無所忌諱，無須事事都出以官式文章，不敢直書所見。而且我更具一條件，使我敢於寫下這本小書，那就是，我經歷了這個繁榮小島從一九四五到一九九〇這段歷史上關鍵時間內的社會變化。這個變化中有很深的痛苦，很多人犯過錯誤，也包含了史無前例的成功，與很多人貢獻了他們的心智與勞力的輝煌成就。今天，不幸的是大家都記得那些錯誤和痛苦，還有很多人雖不曾經歷過痛苦和錯誤，却在意念中把前人的錯誤與痛苦繼承並強化了，不讓它們從記憶中輕易逝去，更不願面對那麼多人貢獻心力所完成的成就，給予正當的估價。

作爲一個親身經歷過這非凡的歷史階段，並且還像集體農場上一名農夫一樣，曾經在豔陽下、風雨裡，把自己的汗水揮向這片土地的平凡的人，我覺得我有責任、也有資格，把這一段漫長歲月中所見、所聞、所思留下記錄，後來的人或可將之作爲了解這個時代各種相關發展的參證。

◉社會之根——紀律

臺灣的命運是坎坷的。但這片土地已是我的家園，正如我在前面所說，我雖對臺灣建設的貢獻不敢言功，但至少像一個農夫，曾在豔陽下、風雨裡，向這片土地揮下過我的汗水，參與過將貧瘠土地闢爲沃壤的耕耘。我每次出國歸來，飛機到達臺灣上空時，便有著由衷的喜悅。那下面的綠色大地就是我今生魂夢相隨的故鄉，除了它，莽莽神洲那裡還有讓我更關情之地？可是島內滋長著的暴戾與不誠不信的社會風格，正在把一個四十年純淨守法的社會改造成到處是狂傲，到處是排斥，到處是貪婪的人群。這個趨勢不扭轉，臺灣社會的公正基礎會從根破壞。多年前，我寫過一篇文章題爲「社會紀律重於一切」，而我們的社會却正在敗壞中，那一黨，那一群都是一樣。可痛啊！大陸的無知，相對於臺灣的荒誕，實在難分上下。我們憑什麼說我們要以臺灣經驗改造大陸民風？

我實在不知道臺灣社會風氣敗壞從何時開始。或許過去大陸上只要忠，不怕貪；刑不上大夫、罪不及巨賈的治國之術要負很大責任。但創此風格的層峰已頹，風氣未改，又是怎麼回事？

上世紀中，我國與日本同時發動西化運動，日本成功了，我們失敗了，看看日本社會當有助於我國失敗原因的思考。

近年我因病居留日本不少時間，且多在鄉間，得窺過去所不知的日本社會細微末節，感觸良深。

日本醫院的護士和我們的相比，完全是不同的人。我住過數家日本醫院，他們沒有特別護士制度。病人入院，照顧病人便是醫院護士之事。一天二十四小時，不管你夜裡三點或是中午一點，只要一按叫人鈴，護士便小跑步而來，和顏悅色替你做任何事，我沒見過例外。

某星期日，我帶著女兒、外孫女從九州到東京的狄斯奈樂園去，正值春假，排隊甚長，全是青少年男女，打打鬧鬧和我們的青少年一樣，却無人插隊，而且數千人在一起，看不見幾個流里流氣的孩子。在東京適逢「春鬥」，工人罷工遊行，隊伍井然，沒有打鬧，更沒有恣意破壞他人門面的「小蜜蜂」（我猜想日本警察會抓）。「春鬥」行列很長，朋友告訴我，這些遊行的人明天就會回去認眞工作。遊行與工作一樣的認眞、有秩序。

我們若想像日本那樣迅速建立一個現代工業社會，必須重建社會紀律。

重建社會紀律後的臺灣社會將是一個清潔、平靜、大致公平、每人都安於本分的社會。那才是我們向大陸發揮吸引力的時候。

餘年無多，不知我是否有此天幸，目睹鄉邦新文化之再建否。

◉我所見與我所思

現在再回溯我二十六歲以前在大陸的時光，我曾遍歷衰敗的北京、新興的南京、「冒險家樂園」的上海、雖困苦而信心堅定的大西南，和窮困得令人害怕的大西北；城市、鄉村，都熟悉。那一大片貧瘠的土地，那一大群蒙昧的人民要改造爲現代國家、現代人民，非一、二百年之力不爲功。令人痛惜的是，民國十六年與民國三十九年，當權者兩度居於可以改造中國社會的地位，一如日本在明治初年，舊社會、舊禮法已經解體，人民急於求進步，給他們什麼，他們都會接受，但最後卻都徒然放走時機。我不太相信什麼主義或哲學，我只相信一個明禮守法的社會制度必將導來進步與繁榮，多一點社會主義，或多一點資本主義；多一點民主，或少一點民主，也都無礙於進步。正如我在「社會紀律重於一切」那篇文章中列舉的例子，社會主義氣氛濃厚的北歐，比十分資本主義的加勒比海國家不知強多少。十分民主的印度比家長式統治的新加坡，每一方面都趕不上。其間分別是社會紀律，不在制度。

我的這本小書，想以記述見聞的方式，從側面觀察廟堂，窺視世界；我沒當過大官，用不著說官話；但我也曾在廟堂的檻外，窺視過它的一角。在另一本小書的序言中我曾自喻爲廟堂檻下的秋蛩，雖不與蒸嘗，却也聽得見蒸嘗的樂聲，看得見蒸嘗的揖讓。這也不是多數文人所能遭逢的。

我以此遭逢述我過去數十年來的見、聞、思考，願邦人君子諒我粗疏。

【目錄】走過關鍵年代——汪彝定回憶錄

一周歲時。

十歲，在北京。全家照片。(左二爲作者)

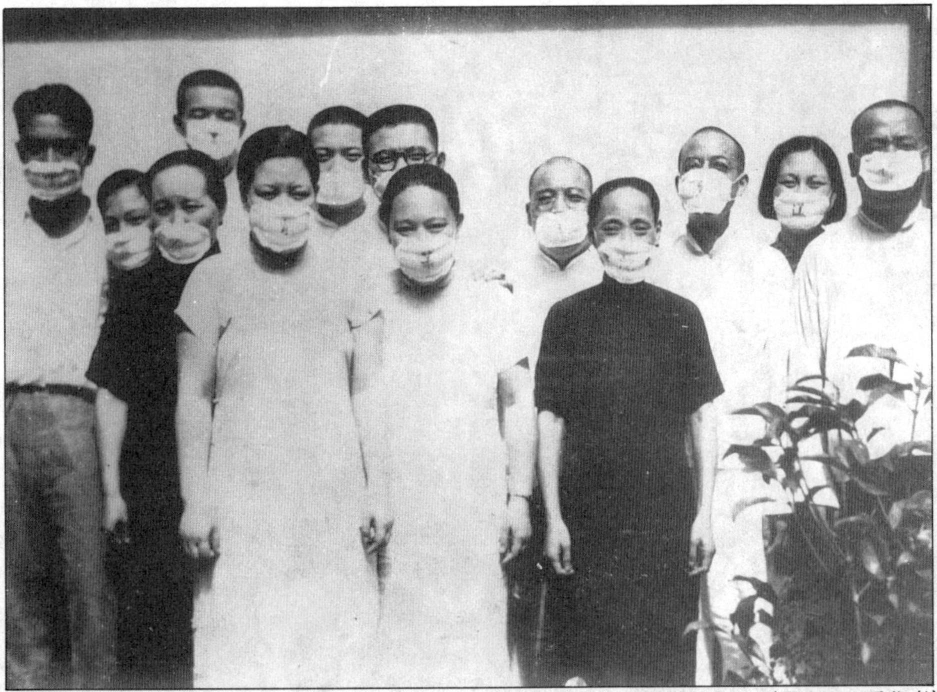

民國二十六年，在上海傳聞日軍將用毒氣彈，一家人用紗布做「防毒面具」照相。（最左一人爲作者）

一九四二年，聯大畢業照。（前排右一爲作者）

離開礦務科時，全體同仁照相。(前排右三爲作者)

民國三十五年初，在瑠公圳旁(今新生南路)

民國八十年夫妻合照於女兒家中。

民國三十八年與方璇輝女士結婚。

民國六十年赴柬埔寨訪問，於金邊。

與象牙海岸副總統合攝於阿必尙。

中美斷交前，於華府貿易談判。左爲邵學錕先生。背對鏡頭左邊一人爲美國首席代表。

在美國簽五年穀物採購協定。最左一人爲David Kennedy。

在曼谷簽定購買玉米協定。泰方代表爲Ob(貿易院長)。

第一章◎

大動亂前的大陸

1 北京生活

我是南方徽州人，生長於北方。十五歲以前所見所聞，不出北京一地。譬如說，我從不知河水是黃的，只知水都像北海一樣是綠的。我家是有男女佣僕一、二十人的大家庭，那一所舊式大宅裡却沒有工人廁所。現在回想，不知那些人如何解決這個民生問題的。前年我的女婿去北京，特地去拜訪我家舊宅，帶領的人就和他說，原先的這家人並未蓋廁所。其實當時不蓋工人廁所的舊宅，北京有的是。

我讀過許多回憶北京生活、懷念舊北京的文章。我猜想許多人是以懷鄉病心情寫那些文章的。六十年前的北京生活眞不可愛；衰敗的國家、殘破的經濟、不像樣的公共建設以及瀰漫於整個國家的無力感……在我的回憶中，比起後來我在南方所感受的朝氣，根本就不一樣。我知道這樣說會引起許多人抗議，但我是誠實的。

比如說，人們盛讚北京店裡伙計客氣，有些店眞的是這樣，有的可大不相同。我母親有時去瑞蚨祥買衣料，那時太太們買衣料一挑就是個把鐘頭。她帶著我去，店裡一會兒拿茶來說：「二奶奶喝點茶」，一會兒吆喝小徒弟：「還不去給小少爺買串糖葫蘆」，這是客氣的一面。但我也親眼看見前面一位太太挑了大半天，什麼沒買就走了。才一出門，伙計就罵開了：「這算什麼！拿咱們逗著玩呀！不想買就說嘛，別這麼窮擺譜，要這要那的！」

北平的飯莊子生意好的，到了冬天那裡頭的氣味眞是難聞。因爲天冷，都掛著厚門簾（那門簾可眞髒），生著洋爐子。北方人冬天不大洗澡，又常吃葱蒜，一掀簾子就聞得到那味道。現在想必已經改進了。

說起洗澡，當年的北京除了極少數十分洋化、家裡有浴室的人家以外，絕大多數人家（包括大官家裡）一進了農曆十月，就很少洗澡了。個把月一回的，父親、叔伯帶我們男孩子去澡堂洗洗。女眷們則在臥室裡用木盆燒上點水（少得可憐）洗一洗。冷天還天天洗澡的從未聽說。我家裡用的三河縣撅撅髻老媽子，沒有一個頭上沒有蝨子的。

中國人的確不是一個愛乾淨的民族，而現在有朝氣、上進的民族，沒有一個是不愛乾淨的。

◉沙風・小吃・羊腱子

北平一年要刮幾次沙風，蒙古來的塵沙瀰天漫地而來，這時候得把門窗關緊不出門。非出去不可時也不能說話，一張嘴，風沙就吹進嘴裡了。這沙漠南移現象至今猶在進行中，百年來那一個當權的政府都沒想辦法去防阻沙風。北京當時除了幾條大街之外，小胡同全是泥地，所謂「無風三尺土，有雨一街泥」眞是一點不錯。最近我女婿、兒子常去大陸，說北京進步多了，已無此景。

北京的街頭小吃，現在想想眞是髒得叫人不敢碰，但當年却十分誘人。糖葫蘆表面是黏的，插在一個大草柱子上賣，塵灰滿空，沾到糖葫蘆上，其髒可想。還有賣一種「雪花酪」的，是用冬天收的中南海的冰做的冷飲，想想中南海的水那麼髒，今天若仍有此物，恐怕沒人敢領教。每天下午還有賣「燻魚兒」的，其實不是魚，而是豬肝、豬肺、豬肉等滷味。用一塊髒得不可形容的布蓋著，你要多少就切多少。現在據說北平「個體戶」裡已無此行業。現在的北京比我記憶中的大概已進步甚多。

北京較乾淨的食物是回教人賣的東西。有一種鹽醃「羊腱子」，在闢才胡同女附中隔壁有家「哈回子」專賣此物，乾乾淨淨，現在若有此物，我還敢吃。回教人是比較愛清潔的。北平很少賣豆漿的，但很多賣豆汁的擔子。豆汁是發酵過的豆漿，味道有些像美國人的*butter milk*，在攤子上，就著鹹菜吃。豆汁本是乾淨的，但那桶洗碗水叫人不敢領教。我的兒子、女婿去大陸回來都說沒見過這種東西，想來此物已成廣陵絕響。

北京當時主要交通工具是電車和人力車。北京的人力車夫都很短命，因爲冬天還得盡力跑，一身是汗，等一會兒寒風一吹，焉有不病、不早死之理。

以上是我所生長的北京當年生活狀況的一面。要多了解這個解體中的社會，必須到南方和鄉下住些時，才能眞的有所啓悟。畢竟中國人民的三分之二是住在長江以南的。

我在南方住過大城市、小城鎮及十分偏僻的鄉下。抗戰前，我家遷離北京，從此沒回去過。

2 繁華與衰敗

抗戰中，我先是逃難走過許多地方，然後在昆明、重慶住了八年。其間又到過河南、陝西。我的總印象是，中國在民國三十年以前，社會已經腐化、落後，經濟已經不可救藥到無法避免大革命的程度。勝利後，如果國共兩黨認眞共同爲社會改革而努力，中國還有點希望。國民黨決心剿共而又無實力完成此目標；政治腐敗，殺一個共產黨會製造幾個共產黨。這情形與後來的越南頗有相似之處。中共想從事社會改革，但無知與暴戾却帶給中華民族更長遠的不幸和更難治的病。

這些事題目太大，沒有必要深談，現在記一件我目擊的奇事，以明中國社會的複雜性。

民國三十年秋冬之交，我以一偶然的機會與友人趙君還有他的朋友三、四人，搭免費的「黃魚」車去滇西一遊。幾個人走入山間去見識邊疆地方風貌。就在一條小路上，跑出一條蛇，以無可形容的速度咬了趙君一口。我們當然知道嚴重性，立即分出人來去附近村莊求援。

不久，趙君開始暈眩、昏迷，大家都束手無策。此時求援的人帶來一位據說是治蛇咬的神醫，此人約五十歲（邊疆人生活苦，易老，也許只有三十來歲），穿著極污穢、破爛的衣服，攜著一隻雜物箱子。他來後一看就說不要緊，隨即拿出一把小刀，又黑又銹，在傷口處切開一個十字，擠出毒汁。到這一步爲止，雖然汚穢，但我可以了解他的道理。等到血擠好了，他打開藥籠，在一大堆草藥中，東抓一點、西抓一點，既沒洗也沒稱重量，就這麼放在一只石臼中搗爛了，向傷口上一貼，找條布紮好。他接著說，好了，傷者明天還不能走路，過幾天就可以慢慢走了。我們給他錢，他也不要，笑笑而去。

沒有人對他有一點點的信心，然而到了半夜，病人居然漸漸退燒，醒了，傷口亦未發炎。這眞是不可思議之事。

由此一事可知以中國之大，奇才異能之士想必很多，中共來後若能把這些奇才異能之士加以網羅，科學化地分析研究找出他們的秘方來，必定造福人群。

◉大城腐化，小鄉惡苦

黃仁宇先生寫書描述抗戰時期雲南邊陲鄉間的落後情形，其實，我在民國二十六年逃難經過蘇北的鄉下，也就是今年水災嚴重的裏下河區。那裡距南京空中距離大約是二百多公里，水鄉澤國交通困難。我和弟弟姐姐借住在一位親戚的佃戶家裡，那個村莊約有二百人，却無任何警察、電話、郵政、學校的服務，連稅吏都沒有。全村當然沒有電，照明用燈草、油燈。我們住的那一家則根本沒有照明設備，天黑就睡。買醬油、鹽、糖都得等鄰村趕集。屋子裡沒有煙囪，一舉火，煙就從茅屋上像失火般地上升。屋裡的煙霧嗆人自不必說。我想，那裡的生活環境，起李白杜甫於地下，一定不陌生。這一千多年來，我們這個民族就這麼渾渾噩噩地過了。

事實上我所見的環境一定比一千多年前差。蘇北有個大城叫揚州，就是唐人「腰纏十萬貫，騎鶴上揚州」的「淮左名都」。那裡有一家大茶館叫「富春」，以大包子聞名，包子確實好，但是座位仄狹，痰唾滿地，實不敢領教。唐人必不肯騎鶴去揚州領略那種環境。以後，我去過雲貴陝川許多地方，飯館倒有不錯的，但沒見到一家舊式旅館是乾淨可住的。在公路開通後，陳光甫先生的中國旅行社在各地建了一些雖然簡單，但乾淨可住的旅社，眞是給旅人造福。當年在川滇黔路上，若住不到中旅社的旅館，簡直就無處安身。我多次從昆明經貴陽或瀘州到重慶，路上的舊式客棧臭蟲蚊子多得不可形容，被子枕頭的汚穢實在不是文明社會該有的。然而川滇黔大城市以外的土客棧處處如此，旅客也不嫌棄。三十五年，我出差到花蓮，住在當時已破舊的一家旅館中，被子乾乾淨淨，儘管隔著一道紙門，隔壁旅客鼾聲惱人，但仍可安睡。僅此一端，光復時臺灣社會建設高於大陸大城市以外的任何地區，已可明見。

◉「邊地無良吏」

以我去過的地方而論，大抵西北最窮，西南最閉塞。而不論是西南或西北，漢族以外的人民對漢族的中央政府的向心力都十分脆弱。只是屈於時勢，數百年來敢倡言獨立的都被武力鎭壓了。但滇西的土司們，直到中共來爲止，都維持著事實上的獨立。數百年來，漢族的政府不曾在教育、交通、經濟等方面有任何投資，以改善邊民的生活。只要邊民不反叛就好了。而「邊地無良吏」，漢族的不肖官員與土豪勾結，貪汚不法成爲一種倫常，甚至對漢族人自己亦復如此。

民國三十年我在大學讀書，到雲南高院去擔任實習書記官，賺點生活費。當時的書記官長是在臺灣去世的汪恩沛先生。我初派在監獄科服務，主科書記官是山西聞喜人任嶧。我這一時期的日記散佚，記得的事不多。任君在滇數十年，他已不會說山西話，但他的昆明話却夾雜極明顯的山西腔。

某日，我依例前往監獄查看，下午步行而往。獄方人員極其客氣，敬茶敬煙，就是不提視察的事。我再三提出要去看看。兩位獄吏相視片刻，奮然道「好，就看看罷」，領著我進入獄內。天哪，那眞是地獄！在囚室外就聞得到臭氣，裡面是漆黑一片，犯人零亂地坐著、躺著，是一種無可形容的污穢和零亂。我不相信一個人能囚居二、三年而仍然存活的。

返院後，向主科報告，他只苦笑一下。我又去直接找書記官長，他也只是付之一長歎。漢朝一位大將的名言：「今而後知獄吏之尊也」，誠然，誠然。

在臺灣住了這麼多年，稍有歷練，回想當年大陸情形，我不能不說，當年縱使剿匪成功了，縱使沒有日本侵略，大陸也將面臨分崩離析大動盪的局面。綱紀敗壞，是非不明，官吏貪汚日甚，文明只到沿海及大城市邊緣爲止，鄉下的苦難、落後與千年前無異，那個社會是沒有理由不發生大變的。

第二章◎

走過「二二八」

3 漢和相逢

現在有些人談論臺灣在光復之初，平均每人國民生產毛額（*Per Capita*，GNP）比大陸局部先進地區只少不多。臺北市的建設規模有限，商業繁榮遠非上海、天津、廣州等地之比。這些都是事實。但臺灣有一項承襲自日本人最好的東西，即城鄉發展較爲均衡，基本設施與國民訓練非大陸任何一省可比。

隨便舉幾個例來說，光復當時，臺灣的全省輸電網已經大致完成，平地鄉村供電可達九〇%，山區及僻遠地方則無法達到。在大陸上，即使是最繁富的江蘇、浙江、廣東，全省輸電網都差得遠，鄉村供電率低。局部地區如珠江三角洲及上海附近之外，廣大農村的供電網全未建設。各城市往往自建小型電廠，多半電壓不足，更不能聯成全省城鄉輸電網。

民國三十八年，我到礦務科任科長時，見到全省礦區六千分之一實測圖，爲之驚訝。

這樣的全省礦區實測圖，今天大陸中共在新技術開發之下，想必已完成，但在當年各省卻完全不備。

教育制度上，日本人嚴苛歧視臺灣人，不讓臺灣人有平等接受高等教育的機會，但廣設各地的國民學校，却提高了一般人民的知識與領悟能力，這給後來的工業化提供了充裕可用便於訓練的人力。

充裕的人力，便利的交通，廣佈城鄉的電網，頗佳的海港，爲後來的經濟開發提供了有利條件，不是平均國民所得之類的統計所能表示。

◉原始接收清冊

而當初在整個接收行動中，有一項最重要的文獻，却常被忽略，那就是日本人移交財產案卷及一切有關文件、財物記載的文件，當時叫做原始接收清冊。當初李經方代表清廷在輪船上倉皇移交臺灣時，必定沒有任何財產案卷移交的文件，而只是一紙割讓臺灣的合約。但日人移交給我國政府時，却記載得清清楚楚。這份文件照理說是項絕頂重要的文件，想來南京和臺北都各有一份。但是至民國三十七、八年間，我任礦務科長時，已經不全。當時我記得爲了要查一件案子的過去經過（彷彿是一家叫片倉會社的糾紛案），要找原始清冊的記載，便已發現找不到了，最後案子不了了之。其他各機關情況如何，我不清楚，但我在林務局的友人曾告訴我，林務局原始接收清冊，也已殘缺。我始終無緣見這些清冊的眞面目。

這些事情都發生在政府遷臺以前。遷臺後，政府行政管理權逐漸轉移至中央政府，中央政府根據當時省府所有資料推動一切，可能很多人尙不知此一重要文件。以建設廳礦務科而論，經濟部在臺開始工作後，第一任司長李鳴龢（竹書）老先生，單槍匹馬來建立礦業司。他所依據的所有資料，都是礦務科依據當時現狀作成的，除了礦權部分以外，所有日人時代的管理狀況記載，都已不詳。這也便是許多案子至今日混沌不明的原因。以礦務科而論，清冊中包括了文卷、化驗室所有設備，細至坩鍋幾個都有明細記載。此外還有礦區的詳細圖錄，內容相當詳盡。礦務科只是總督府礦工局下之一課，已經如此，整個總督府的移交清冊一定卷帙浩繁，不會眞的丟掉的，認眞去找，一定找得到。而如此重要的文件居然會找不到，我國政府當時效率、紀律之差可以想見。

這些事情都是我到臺灣後，日日觀察所得。而我剛到臺灣時，這個小島所呈現的風貌則給我另外一些感想。

⊙初履斯土

民國三十五年初，我由重慶經上海，直接來到基隆，在三天之內，從一個我所熟悉的社會環境，來到一個語言不通、風俗殊異、對各種事情的判斷與是非感都和原來環境大不相同的地方。這一份新鮮的感覺給我留下一生難忘的印象。

三十五年初我以一偶然的機緣，參加了行政院善後救濟總署的工作，並被派來臺灣分署。臺灣分署署長錢宗起，號履周，是一位可敬的長者。我的工作職位是視察，主要擔任救濟品發放過程的考察和使用效果。

當年我二十六歲。在大陸時，我到過不少地方，包括北京、南京、上海、西安，所以並不是鄉巴佬型的土學生。然而我初到臺北，由南港、松山進入愛國西路時，仍然對一個小城而馬路整潔良好具有深刻印象。

到臺灣的第一件不便就是語言不通，連文字也不通。臺灣沒有幾個人會說國語、讀漢文。他們在日本文化中長大，只會日文，而閩南語又是中國最難懂的方言之一。我們既不懂閩南語，也看不懂日文，等於是一群文盲和另一群文盲在一個社會裡相遇，隔閡之生毋寧是必然的。

初來臺時最令我驚喜，後來却深感遺憾的是臺幣與法幣匯率（三十比一）不公平。拜此匯率之賜，我們這些早期來臺的窮公務員，忽然之間發了一筆小財。我帶來臺灣約有一、二十萬元，按照三十比一的匯率，變成六、七千元，甚至上萬元臺幣。我穿著一條舊卡其布褲子來到台灣，這時趕緊去太平町（延平北路）做衣服，一口氣做了兩套款式不甚高明的西服，共花了我二、三千元而已。如果在重慶，這筆錢（六萬元法幣）連一條卡其布褲都買不到。不公平的匯率，是臺人怨懟的一個原因。

我剛到臺灣時還有一件趣聞。我從基隆下船，一位親戚周錚先生來接船。剛剛登岸，他便問我想吃什麼東西，我說想吃香蕉，因爲我生長在北方，香蕉是稀罕的東西，抗戰八年更不見香蕉的影子。周君立刻去買了一大串香蕉回來，大約有十四、五根，我一口氣全都吃了，從那時以後，我一看見香蕉便反胃，直至今天，仍然不愛吃香蕉。

談到飲食，當時臺北市的飲食可眞是簡陋。後來出名的「蓬萊閣」、「新中華」等酒家尚未開設，只在太平町有一家「山水亭」，座位比較寬敞，價格比較貴，離此不遠處，又有一家店叫小春園，是福州人開的中國飯店，天天座無虛席。另有幾名山東退伍軍人，在樺山倉庫內賣內地口味的包子。那時的樺山倉庫，鐵門早已不見，內部空無所有，隨便誰在那兒開店住宿，都沒有人管，我便常常去買包子。

此外還有圓環和散見各處的臺灣式小吃攤，許多小吃攤掛著牌子，上面寫著「漢和洋料理」，眞是一網打盡。後來我的日本媳婦到臺灣，我告訴她當年有這麼一種攤子，她大笑不止，說不知道那些「漢和洋料理」的師傅從那裡請來的。你如果一個不愼，自投羅網去那種攤子吃飯，隨便叫什麼，反正都是一樣的東西。給你兩把刀叉，是「洋」，分開一碗一碗盛，是「和」，大碗地來，便是「漢」了。

初來臺灣時，第一次和同事去吃「拜拜」也是很有趣的經驗。客人入座後，菜一個連一個的上，十樣有六、七樣是帶湯的。這一點倒與潮州、廈門相同，不稀奇。不同之處是客人不走，菜便不停的上。當我正納悶何時才結束時，發現新來的一樣菜中，有我曾揀起又放下過的一塊鴨肉時，才恍然大悟這道菜是「回籠」的。此時，語言半通的臺灣同事才讓我知道早就該告退了。

當時我們幾個來臺至行政院善後救濟總署臺灣分署工作的外省年輕人都未婚，深深地受本地特異的文化環境所吸引，天天騎著腳踏車上街去逛，看看新環境、新事物，也越來越喜歡這塊有點外國風情的地方和淳樸的人民。

◉日人在臺建設有成

有一天署長錢履周先生叫我去基隆看看遣送日僑的情形（並非救濟總署的工作，我們只是去參觀）。前一批日僑剛剛遣送上船，他們所寄居的海關大樓却打掃得相當清潔。我問管理的人到底是誰打掃的，他們說日本人走時，每一戶人家都自行打掃清潔。我心裡不禁暗想，一個戰敗的民族，都已被強迫遣送回國，却仍能維持臨危不亂的態度，我們不得不說這是一個可怕的敵人。

那時的臺北異常荒涼，僅有的一點商業活動集中在榮町（衡陽路）和太平町（延平北路）、永樂町一帶。作爲一個遍歷中國西南、東南、西北各地的青年，令我深具印象的，不是台北的商業，而是教育、治安、電訊、交通、自來水和醫院之普及。

來臺不久，有一天我奉命去送奶粉給一家國民小學。學校裡整齊的房舍、廣大的操場，與內地借用祠堂或其他公共建築設立的國民學校，形象完全不同。即使是我在北京所讀有名的北師附小（紅廟小學），也是借用一座大宅改建的。後來我從統計中得知，日本在臺一共建立了小學一〇九九所，就學率約七三%。以當時人口六百七十萬人計算，每六千一百人便有一所小學。儘管日本人在教育制度上嚴苛的歧視臺灣人，剝奪臺灣人接受高等教育的權利，但是他們啓發民智的初步工作是不可否認的。

又有一次，不知是怎樣的一個情況，和朋友談到臺灣各小自來水廠的維護與復舊時，我才從自來水專家劉永楙兄處知道，臺灣稍大一些的城鎮，當時都各自有自來水廠，有些非常簡陋，但可以供水。也正因爲如此，在臺灣各城市看不見用水車送水或挑水回家的景象。而民國二十年前後，大陸自來水仍不普及。雖然我家是在北京城中熱鬧的西長安街內，却因爲是老房子，仍然得用水車送水。那種水車分成兩桶，一邊是「甜水」，給人飲用、食用的，另一邊裝的是「苦水」，也就是硬水，專供洗濯之用。

至於電話，在整個大陸抗戰結束以前，我不知道有哪一省是每一縣都可以以電話聯繫的，我知道從南京到徽州，是無電話可通的。

醫院的普及也可以說是日本教育制度歧視臺灣人的具體結果。臺灣才智之士被限制進入社會科學學系，就業時歧視也非常大。臺灣人能做到「郡守」（區長）的屈指可數。

因此，才智之士大量擠向醫科。醫生佔人口的比率非常高，其中不少成爲抗日志士以及後來反抗中央政府的領導人物。

◉日本人地攤

那時在臺北還有一個特殊景象，便是外省人逛日本人的地攤。日本人已將被遣送，他們所有的財物，除隨身可攜帶者之外，不能帶走。我至今不了解我國政府訂定這條規定時，爲什麼不同時規定帶不走的應交給誰。其結果是日本人紛紛擺起地攤，將家中所有雜物擺出來賣。

我們這些外省人捱過八年抗戰，物資絕對貧乏，雖然他們是日本平民，家中的雜貨也頗引起大家的興趣。每逢星期假日，若是天氣好，便到處可見這種地攤。我常常去逛的地方是兒玉町（南昌街）和佐久間町（牯嶺街）。那時兒玉町上有一家日本店尚未關閉，叫做大和行，地點便在今日臺銀分行附近。旁邊原有一家米穀局第五配給所，此時配給所已關門，門口附近地攤最多。我在那兒看舊書，常常流連半日。我買過幾本舊書，包括幾本印刷精美的殿版四書，想必是從中國搶來的，賣主只問我要五十元，我猜他根本不懂得中文書，又買了一支鈴木四號的小提琴倒要一百元。

那些守著攤子的日本婦孺，一個個低頭不語，沒有見人哭泣，當然也沒有人笑。攤子上的東西原則上是出價便賣，因為對他們而言已成棄物。亡國之民，境遇可憐，但想起他們是在為他們的同胞，對中國人殘暴的行為償付債務時，憐憫之心便自然沒有了。

那時臺北市的交通不方便極了。公共汽車業已停駛，只有幾間殘破的「巴士待合所」在夕陽殘照中歪斜地站著。大家都騎腳踏車，偶然可以叫到人力車，是那種大輪子的，車夫也不像內地車夫一樣拚命跑，只是慢條斯理地小跑著（我覺得這樣能減少坐車人的罪惡感）。

有一次我坐人力車，嘗試以我新學的幾句臺語和拉車的老翁攀談，這才發現他原是日本人。日本總督府原來嚴禁日本人做拉人力車這種賤役的，顯然此時誰也顧不得了。

因為我擔任的是稽核工作，所以天天在外面與接受援助的單位的工作人員接觸。那時候臺灣嚴重缺糧，我們運來的救濟物資以麵粉、奶粉和一般性藥品為主。當時分發過程相當順利，極少聽說有轉賣或舞弊情形。一方面是分署同仁在錢署長領導下，眞的做到了弊絕風淸，另一方面是整個臺灣社會還未染上惡習。

◉臺灣社會淳樸端謹

我們和當地人往來都能感覺到他們的木訥和必須解釋二、三次才能透徹溝通，結果使每個人都覺得臺灣人笨。其實這份木訥同這份笨是他們凡事端端謹謹的行爲模式。後來我在日本，住在九州熊本一些時候，和當地市井小民往來，重溫了這一份感覺。我去超市買東西，要求店員做一點額外服務時，對方不是不做，但是會愕然許久，待你說得清清楚楚，他才會歉然的說：「嗨！嗨！」然後跑步去做。

本地人在那時候社會習慣還保留著日本社會的心態，所以讓我們感覺他們不能舉一反三，不像我們靈巧。但他們也保留著日本社會的紀律感端端謹謹，非內地來人所可及。

救濟分署大約有一百多人，絕大多數是大陸派來的，分成幾個組。賑務、運輸二組是分署的主幹，在基隆尚設有運輸辦事處。我則在視察室服務，像我這樣的年輕外省人，約有十來名，分散在各組服務，我們都住宿舍。當時分署有幾個宿舍，其中之一是今天的懷寧街土地銀行舊址，是一所極大的日式庭園房屋，旁邊尚有一所房子，是兩層樓建築，也是分署宿舍。

因爲當時沒有公車，三輪車尙未興起，人力車極少，分署同仁多半以署內吉普車接送，或是騎腳踏車。我們穿著西服或美式襯衫、長褲，常被民眾看成外國人，又因爲未參加接收工作，辦的又是送人物資的好事，所以在民眾間頗得好感。我想這也是後來我能夠單人獨馬旅行到暴民控制區而絲毫未受到滋擾的原因之一。

4 方言染上了政治色彩

在接收臺灣初期，我在自己工作崗位上和民眾接觸甚多，如果要說我們的政府曾犯大錯，我想最明顯的錯有兩個：一是放任內地來的公務員以形同霸佔的方式封房子，另外一個便是對語言文字問題的處理。

所謂封房子就是各政府機構（不包括外縣市的學校、商業機關）發給內地來的職員一種「封條」，約三、四吋寬，二呎來長，用極爛的紙印著「××××機關封」，蓋有關防。理論上，任何一位外省公務員領到封條，就可以到日本人的區域裡，找他中意的住宅，貼上這張封條，這幢房子就算是他有佔領權了。

問題是各機關所發封條數量眾多，人們濫貼一通，以致於在大正町（中山北路東側）、幸町（濟南路）、錦町（麗水街）、東門町、福住町（永康街）一帶稍微像樣一點的日式住宅，門口都歪七豎八地貼了許多張封條，演變成為誰有本事搬進去，這幢房子便是他的。

我和一位同事就在一個星期天下午，騎著腳踏車帶著封條，也去湊封房子的熱鬧（其實我們住在宿舍，根本無意搬出）。走至幸町一家日本人房子面前，看著小花園蠻精緻的，而牆上已有了好幾張封條。我們兩人嘻嘻哈哈地又貼上一張。此時屋內走出一名老人和一位少婦（姓名已不復記憶），他們邀我們進去喝茶。當時我們心裡有點覺得慚愧，但還是揚著戰勝國國民的威風進去了。

這一家人用流利的英語與我們交談。他們原來住在夏威夷，兒子被徵入伍，生死不知。父母帶著媳婦等待遣送。他們懇切地要求我們住進他們家，並要供給我們食宿，替我們洗濯縫補。我詫異反問他爲什麼要如此，他說：「你們是洋學生，是文明人，可幫我們抵抗那些橫眉豎目的漢子。」在這種情況下我們只能敬謝不敏離去，從此再也沒有他們的消息。

◉政策給方言染上政治色彩

許多民族間或族群間的摩擦，最終演成強烈對立，通常最主要的原因不外兩個，一個是宗教，一個是語言。在中國，漢人的宗教感非常淡薄，沒有演化成政治對立的力量。方言問題在過去也沒有發生過什麼摩擦。不幸在臺灣，它却成爲外省新遷入者和兩百多年前遷入者人群之間一個主要的摩擦因素。用歷史的眼光來說，這是非常不幸的事。而追源究本，這樁事的形成，我國政府接收後對方言文字的態度要負全部的責任。

在討論這個問題時，我們必須先了解幾個事實。第一個事實是，當民國三十四年冬收復臺灣時，臺灣事實上所有的知識份子都只會使用日文。討論正式問題時也必須使用日語，閩南語只有在家庭和鄉村地區使用。當時若不許臺灣人說日語、用日文，甚至不許說臺灣話，就差不多等於剝奪了他們在公眾場合發表意見，接收資訊，甚至討論問題的權利。

剛愎的陳儀採取禁日語、閩南語這樣的政策，甚且運用絕大的政治力量來推動，其招致知識份子的怨懟，毋寧是十分自然的事。禁日語還有明白的政治理由，禁閩南語就過份了。

第二，浙江籍的陳儀在福建閩南語地區也曾經推行過國語運動，但那是極普通的、大陸常見的國語運動；既無太大的強迫性，亦無特別效果。我至今想不透爲什麼陳儀一到臺灣，就嚴禁在公眾場所使用閩南語。這件事除了表示當時政府之專斷以外，幾乎可說毫無政治目標。

第三，廣東話和上海話也不是國語，甚至距離國語甚遠。在廣東，人們能自由的使用國語或廣東話。至於上海話，因為中樞要員三分之一是江浙人，他們根本就不覺得別人可能聽不懂江浙話。說真的，先總統　蔣公在電視上的演說要是沒有字幕，連我這個在上海讀過中學的人也不會懂。有一次，我代表經濟部參加行政院院會，坐在當時交通部長林金生先生的鄰座。當時的中央銀行總裁俞國華先生正對某一個相當有金融技術性問題，發表意見。林部長側頭問我：「他說什麼？」我搖搖頭說：「我也沒聽懂！」俞先生的國語後來似有進步，但絕大多數的江浙人根本不承認在江浙有國語問題，當然也從來沒有人在江南地區推行過國語。先總統在廣東發跡，也沒有在廣州這樣推行國語。

◉風俗有差，語言各異

我們必須承認這麼大的一個中國，交通如此閉塞，人們在難得有往來的環境中生活了幾千年，每一地區發展出一些比較特殊的地區性文化特徵，毋寧是很自然的事。這一點在主張大一統和中華文化只有一個的人們心中，簡直是大逆不道，但確係事實。舉例言之，西北人睡土炕，其他人可能一生連土炕都沒有見過，而土炕生活中的許多特異狀況，包括如何維護性生活的隱密，也就不是未睡土炕的人所能想像的了。

又如大家所豔羨的「食在廣州」來說，對一個畢生生長在華北、忽然有一天乘飛機來到華南的客人來說，很多菜式如蛇羹等，他極可能食不下嚥。

還有婚喪禮慶的儀式，東南西北各有不同。拿我們的狀況和日本相比時，日本福岡與北海道的札幌相隔三、四千公里，等於從臺北到吉林或黑龍江。這麼長的距離中，日本人的生活起居、婚喪喜慶、口音方言相去不遠，比我們統一多了。但是連日本人都覺得九州人和東京人不一樣，我們如何能一口咬定中國沒有各地文化差異存在呢？而這些差異當中，最重要且明顯的，便是方言。尤其是在臺灣，方言問題又加上文字問題，情況更複雜。光復之初，懂漢文的人如此之少，閩南語又如此難學。來接收的官員又不曾以會一點閩南語爲條件，甚至沒有一點興趣想學閩南話。這種情況下，來接收者懷挾著一份戰勝國人民的驕傲，以強大公權力，硬性以與在大陸完全不同的態度處理方言問題，這個政策的錯誤性，今天才看得明明白白，清清楚楚。而方言問題一染上政治性以後，誰也沒辦法讓它還原爲像大陸上的方言問題本來面貌了。

◉禁止日文太匆忙

我對學習方言一向有興趣，從大學室友處學會了勉強可通的粵語。來臺後，儘管閩南話是我國最難學的幾種方言之一，但生活上不會本地方言所感到的不便是很大的。舉一例來說，三十五年間在一位海運業商人的宴會上，我遇到一些臺灣青年，其中一位小姐姓蔡，稍會國語，我和一位救署同仁吃力地嘗試與她談話，終於約定某一天中午一道吃茶。她寫了字條給我們，地點是「榮町TBD大美二階」。時候一到我們去了榮町，竟找不到這個地方，以致爽約。迄今我也不知是她開的小玩笑，還是我們不諳臺語無法溝通。

往後我出任礦務科長，炭礦業者會說國語的更少了，這使得我在工作上不得不學一點閩南語。我的閩南語說得很差，但遇見完全不會國語的本省同胞，仍可溝通。在與我同齡層的外省人之中，大約可算是很不錯的。

再往深一層說，相較於中國當時的文化水平，日本文化早已青出於藍。嚴格禁止日文、日語的使用，除了造成臺灣人的不便之外，更有封鎖自己資訊來源的反效果。而且，當時日本已是戰敗國，日本文化對臺灣沒有侵略性，我們有什麼可怕的？至於有人提到顧慮臺人親日情緒的滋長，這個問題要追溯到多年來一貫反抗日本，並切盼王師東下的臺灣人，何以在那麼短的時間內，通過現實生活的比較，轉而成爲親日。這個基本原因不能清理明白，單純禁止日文、日語是沒有效果的。

相對於臺灣的法國亞爾薩斯、勞林兩州於一八七二年淪入德國之手後，一九一九年重回法國懷抱，法國從不曾禁止德語在這兩州使用。匆忙的禁止日文、日語的使用，並未能阻止臺人親日思想之再起，却造成了許多人的反感。

從這些小地方一點一滴的累積，方言問題就漸漸得到了政治動力，結果使得臺灣的閩南話，在本質上與漳泉莆仙的閩南話或廣東的廣州話，具有絕大不同的政治敏感性。這眞是一件不幸。假若當年我們以對待粵語、大陸閩南語和吳語的態度對待臺灣的閩南語的話，到今天也許臺灣人的國語沒有現在這樣好，但是外省人的閩南話必定比今天好的多，就像香港、廣州、福州、上海，溝通必定不會有困難。更重要的是，方言將失去其政治性，正如廣州話之在廣東，香港，閩南語之在漳泉，吳語之在江南。

◉否定差異造成心結

當時臺灣還有一份報紙，發行中日文對照的新聞，但也只發行到三十五年為止，電臺廣播完全禁止閩南語和日語。結果我們政府想告訴老百姓的事情，也缺少一個適當的管道。老百姓開著收音機聽一大堆完全不懂的語言，翻開報紙，就像我們今日許多人讀日文報一樣，憑一些漢字去猜測內容，誤會之產生，那裡能夠避免。

否定臺灣地區性文化差異的存在，當然也有其利益，那就是加速了整個臺灣地區對中國主要文化源流的靠攏。今天的臺灣，國語的普及化與標準化是大陸河北省和東北以外，任何一省所不及。而臺灣發展出來一些集各地區文化特徵於一爐，熔合成為臺灣今天特有的文化景觀，也將是他日居住在臺灣的人民，相互認同的重要條件。

我常常用燒餅油條和臺灣國語來描述這種情況。自從探親開始以後，臺灣人說的國語，大陸人只要一聽便可聽出，包括我們這些來自大陸的外省人，我們的口音和用語都已與大陸人不同。至於燒餅油條，完全是臺灣式的。在江南，有類似的燒餅，在北京，有炸成圓圈型的麻花兒。像臺灣的長方形燒餅夾一根長形油條可謂臺灣的獨創。

這兩個小例子充分顯示了臺灣與大陸近四十年的獨立發展，地區性的文化差異已相當的大。若再考慮臺灣生活中所有的日本影響時，這差異便涉及許多根本問題了。今天說這些都已經太晚，我們的政策賦予臺灣的閩南語以如許複雜的政治性，無數的野心家又再利用這一分政治性謀取利益。這種狀況到今天是誰也無法改變的了。

也就是這許許多多、點點滴滴的差異，以及溝通工具的缺乏，爆發成爲二二八事變。

5 二二八事變

民國三十六年春，我來臺已一年，凡是敏感的人，都感覺得出，臺灣人與外省人之間的隔閡正在深化。我每天搭救濟分署的交通車到東門町家的路上，司機常常用生疏的國語和很不禮貌的態度批評外省人的不是，我知道他們叫日本人是狗，叫我們做「山豬」。這個名詞來自「唐山人」這毫無惡意的稱呼，由唐山人變成阿山，由阿山再轉化爲山豬，就有很強烈的歧視感了。

當然沒有人當面叫我山豬，但我從司機們一對對不友善的眼神中，看得出他們對我們缺乏初來時的善意了。可是，說眞的，絕對沒有人想到這種難免的摩擦，會在一夕之間爆發成爲一次狂亂的二二八暴動。事變發展的過程中，從三十五年起就開始凝聚的不滿情緒公開爆發。

二二八爆發的當時，我淸早到救濟分署辦公，看見司機、工友聚在一起交頭接耳，有點異常。坐我對面桌座的江淞君是閩南人，他告訴我，臺灣人要打外省人。從我們辦公室窗口，可望見臺北車站，隔了不到半個鐘頭，就看見一名身著中山裝的中年人，騎著腳踏車在館前路通過，兩名年輕人向前去，一腳踢翻腳踏車，接著飽以老拳。那個人掙扎站起來鼻孔流著血，額頭也破了，哭喪著臉不知在說著什麼。接著便看見車站附近人潮洶湧，全擠向長官公署（那時候長官公署即今日行政院所在地，亦即日據時期的臺北市役所。市役所對面，後來變成監察院的，是原臺北州廳，那時被用做長官公署各局處的辦公室）。過了不久，只見人潮又蜂擁而回。據說，長官公署的警衛開槍了。不過，我們在辦公室中並未聽見槍聲。此時已過中午，外省同仁沒有人出去吃飯。

下午一時我的表弟王宗溥從南部上來，提著手提包，一副外省人模樣，慢條斯理地走到救濟分署。見著我便說：「我還沒吃飯呢！」我說：「如果你有膽，便一個人去吃吧，我可不能陪你。」他聽完甚爲詫異，方才知道出了大事。

當天晚上，全分署的外省同事都不敢回家，我和外省同事全縮在辦公桌上，用雨衣蓋身，但仍冷得發抖。一位後來一直在臺大的魏守嶽教授，給我們送來一床被，讓我們得以度過漫漫寒夜，那時我才懂得雪中送炭的可貴。救濟分署不屬於長官公署，又和聯合國的救濟總署（聯總）的外國職員在同一棟建築物內辦公（在表町的明治生命館，即今天的館前路臺灣銀行）。所以事變發生後，我們沒有被歸爲鬥毆對象。由於署內有衞生組，因此分署在事變發生後，立刻天天出動吉普車至臺北街頭救護挨打的人。在三月的最初二、三日，我看見被打的很兇、瀕於死亡的人，也看見許多受輕傷的人，外省人挨打總是有幾個暴徒在毫無預警的情況下，圍上目標，揮拳就打，或用木棍擊傷，但武士刀在那個階段還未出現。

當時市面冷清，但並非停市。救濟分署一天也未曾停止辦公。報紙亦照常出刊，但耳語更爲流行。一名娶了日本妻子的外省朋友，時常來通報一些讓人心驚的消息，所幸這些消息都未成眞。

◉臺人宣洩激憤

我常認爲，臺灣人民在對接收工作感到失望和憤怒後，並無從言論訴求、以求宣洩的機會，不滿情緒便在暗中傳播。陳儀領導的長官公署居然對臺人怨懟的嚴重性完全無正確評估，依然我行我素，而且陳儀本人抱著「我爲官清正，有何對不起本地人的地方？」

的態度，等事變爆發，一切都太晚了。

事變爆發之後，許多參加者態度缺乏理性，有些人平日是好友、好鄰居、好部屬、好學生，此時都把人性最乖張以至懦怯的一面顯示出來了。作爲一名外省人，這類故事眞眞假假，聽了不知多少，我只舉幾個顯然確知的例子，讓大家體會當時的情景。

我的姻丈王建今先生當時任高等法院首席檢察官，後任總檢察長多年，現已高齡八十有七。事變當時，他已年近五十，一日步行經廈門街，在舊螢橋頭（二十五巷口）遭到一群暴徒襲擊，王老伯爲人溫和有禮，從無疾言厲色，暴徒居然將他打得昏迷在地，不省人事。另一批群眾經過，搜檢證件，知道他是臺灣首席檢察官，這一批人將他送回，且經常來探視，可知群眾之中，亦不乏有理性之人。

另一位被無端痛毆的是教授英語多年的何欣教授。他和我在重慶就是好友，平日謙虛和平，却在泉州街二巷自家門口遭到攻擊，兩個暴徒一陣拳腳交加，何欣也委頓在地，還好沒有受到嚴重內傷。但我另一名朋友鍾仁三先生，便沒有這般幸運。三十六年正月，他由廣東來臺，想找工作，曾短期居住我家，每天忙於接洽工作。事變中他已遷居他處。某日，他走至杭州南路、信義路口附近時，遇見一群暴徒，有的持木棍、有的空手，用閩南語和日語向他問話，他不知所云，剛剛遲疑一下，一棍下來，他便失去了知覺。等待醒時，人已睡在醫院的臨時病床上了，結果肋骨斷了二根，有內出血現象。三月中旬，我從竹南歸來，他仍睡在醫院中。傷勢養好後，鍾君立即返粵。據他說，在夢中還時常見到暴徒咬著牙、瞪起眼睛、雙手舉著木棍，向他頭上無情劈下的那一剎那。

攻擊婦孺老人的現象不太多，強姦案只偶有傳聞。據說臺大醫院收留有被強姦的外省婦女，我沒看見。但就整體而言，發生的案件極少。

三月初（二日或三日），我乘車經杭州南路，從車上看見一個穿旗袍的女子被暴徒一棍打翻在地，似已昏迷，旁邊還有兩三個中學生樣子的少年用皮鞋猛踹她的頭、胸。她的生死存亡我就不知道了。今天回想，令我想到距「二二八」十九年後，一九六六年大陸紅衛兵的殘忍。是不是我們中國人性格中就有著這一份禁不起挑動的暴戾？

◉暴動顯露人性惡劣面

但這些都不如下一個例子，更顯得出人性最惡劣的一面。

我的姐夫周一凱在台大法商學院任教務主任，平時常有兩位學生前來請益，態度文雅和平。我的姐夫口才極佳，待人接物十分謙和，深受學生愛戴，這兩人是最常來的。

事變後，這兩名學生又來了。其中之一攜著一支短棍，進門便說：「我們是來找你算帳的！」姐夫愕然不知所措。這時，另一名學生說了幾句當時我們都還不懂的閩南語，持棍者悻悻然地將棍一揮，意思大概是：「不能饒過他。」

姐夫家中還住著我、他的姪兒和一位陳姓友人，我們都站了出來。揮棒者才收斂一些，憤憤離去。

我絕對想像不到平日那麼尊敬我姐夫，近乎卑躬曲節的人，一旦自以為已經可以操生殺之權時，就把舊日情誼拋至九霄雲外，換上那麼暴戾的面孔，簡直是要置人於死地的樣子。

更令我難忘的是，我乘救署吉普車經過新生南路（當時還是瑠公圳大溝）所見的景象。當時冬日水不多，但仍然可以淹到人膝。我乘車走過看見一個約九、十歲的男孩，被圍觀的路人從水中拉起。據說是剛才被人推下水的。這男孩不曾被打，但三月的寒風與冷水，大概足以讓他病上個把月吧。

這些好鄰居、好朋友、平日殷殷請益的學生，一夕之間全都變了樣；這些受過相當教育的人，變得暴戾冷酷，可是一遇到強力抵抗，却又容易懦怯畏懼。二二八當天暴徒攻擊長官公署時，長官公署只有少數衛兵，幾十支步槍而已，然而聽說槍聲一響，數千群眾就像退潮一樣退走了。

我是三十五年初春來的，沒趕上臺灣人萬人空巷在北基公路上歡迎東下的王師的局面，但却趕上了目睹臺人親日情緒之再現。

◉國語家庭與皇民化

日本人治理琉球、臺灣、朝鮮三個殖民地的政策，基本上與歐洲殖民國家大異其趣。歐洲國家的殖民政策全在經濟掠奪與政治影響力的延伸，絕無化殖民地人爲本國人的打算。日本人殖民政策的終極目標爲化殖民地人爲本國人，這當然與種族相同有關。一九三六年，日本人在臺辦了一次「領臺四十周年博覽會」，出版一本英文宣傳品，題名爲「*Taiwan, A Unique Record In Colonial History*」，即強調日本殖民政策與歐洲的不同。

日本人已成功地化琉球人爲日本人。對臺灣，假如我們至今未光復臺灣，至少知識份子中一個相當大的比例會變成日本人。

日本人從明治末年、大正初年起，在臺一改殘暴鎮壓，以法制化與開明專制統治臺灣。後來又推行「國語家庭」制度，加速知識份子對新輸入的強勢文化的認同。戰時再推動「皇民化」運動，許多臺灣知識份子改了日本姓名。很顯然，如果再經過一代人，許多皇民化的臺灣知識份子會完全認同於輸入的強勢文化，就像琉球人一樣。

◉親日情緒難抑遏

三十五年春，日僑遣送將畢，大陸來的大小官員接管了整個行政工作，一方面我們紀律不佳，一方面我們的治事方法與日本人不同。台灣人之間開始拿大陸人與日本人相比，對大陸人不滿。飆升的物價，可驚的貪污不法，經濟衰敗與失業，嚇壞了臺灣老百姓，懷念日本時期的安定有制度的情緒油然而生。三十五年初，外省人就已明白感受到這種變化了。

更不幸的是，當此時正是抗戰初結束，我國人對日本人敵意十分激烈。臺灣人的親日情緒當然爲外省人所痛惡。假如在今天，外省人對日本文化的包容態度已大見寬放，而對日本人的文化與紀律亦有較公平評價，本省人的親日情緒已不致形成外省人間的反感。

日本人在臺灣培養的親日派可眞不少。如抗戰結束，日皇已廣播投降詔令，仍有頗爲出名的士紳向駐臺日軍司令官安藤利吉晉言，叫他不要投降，宣布獨立。而霧社事件裡，我們歷史書中說是主持抗日的兩弟兄花崗一郎、二郎，據前四、五年日本一位歷史學者蜂矢宣朗應東吳大學之請，來台研究結果是，這兩弟兄其實是日本特務所培養的山地親日份子，後來自殺乃是爲了向日本人謝罪。蜂矢教授曾訪問過這兩弟兄之一的遺孀（另一位已去世），我曾請蜂矢吃飯，談他的研究成果，從他搜羅的證據中，似乎他的說法也有點道理，但他既未發表，我也不知是非，不過花崗兄弟是抗日的，迄今爲止，除了蜂矢教授的研究以外別無他人提出疑問。連當時在總督府負責「理蕃」事務的課長森田俊介，在一九七六年（距霧社事件已四十六年）所著的「臺灣霧社事件之眞相與背景」一書中，也是這麼說的。

日本人在各階層培植了這麼多的親日份子，一旦對大陸新來的人的失望湧現出來，這一份親日情緒便勃然不可遏止的爆裂開來。到二二八事件時，每一個留日的外省人都知道，要是日本話說得好，即可免於毆辱。在頗多情況下還能得到明顯的敬意。

事變發生後數日，一方面陳儀向中央請調援軍，一方面臺灣仕紳便組成了「二二八事件處理委員會」，後來在臺灣政壇上甚爲活躍的黃朝琴、李萬居都是委員會成員。而實際上最有影響力者，則是王天灯等人爲首的激進派。

◉激進派高估情勢

事件發展的初期，本有和平了結的可能，但是由於激進派的要求不可能被中央政府接受，而臺灣人又完全不熟悉滿清一代渡海鎮壓臺人反抗的歷史，誤以爲臺灣具有獨立抗拒大陸的條件。他們更不熟悉在那幾次鎮壓行動中，鎮壓部隊的殘暴及臺人犧牲的慘重，只是一味的以二二八後，三、五天便席捲全臺的氣勢，誤以爲能夠達成他們的要求。

到了三月六、七日，我曾與救濟分署一位臺籍同事談到這次事變將以何種方式結束，他滿懷自信地認爲，南京若不接受他們全部條件，休想繼續統治臺灣。在那時候，我正醉心於明清史，也讀了一些有關臺灣人民從乾隆開始，對滿清反抗活動的史料。當時的形勢是，即使南京接受了二二八事件委員會全部要求，也會有新的要求出現。形勢的發展，正符合中國歷代對付反抗人民的基本原則：先用兵後安撫。所以那時中央軍雖未登陸，二二八之將以先用兵後安撫收場，則是已經註定了。

但糟糕的是，二二八處理委員會中最有影響力的激進派，一直不斷提出新的要求，而且態度極端激進。曾冷靜觀察情勢的人早已可以看出，這樣子的抗爭不但對改善政治環境毫無幫助，而且他們自己處境也是極端危險的，果然後來王天灯死於第一批進剿行動之中·，如何死亡，目前無資料可考，人已死則是大家可以相信的。

二二八發生後的一段時期，廣播電台已被激進派控制，這些人物都經常透過廣播發表演說。我也在收音機節目中聽過他們慷慨激昂地以臺語說話。從其口氣中給人的印象是，他們是勝利者了。臺灣不少有識之士，如李萬居先生就痛心疾首的認爲，這樣鬧下去，結局將十分悲慘。全臺各地像王天灯這樣的人物相信不少，他們的生死存亡，現在已難查證了。

6 與陳儀一席談

三十五年三月九日，國軍登陸基隆。十日早晨，錢署長找我談話，說明救濟分署有一批奶粉及麵粉存在新竹沿海城鎮（那時的新竹縣便是日治時期的新竹州，包括今日之新竹、中壢、桃園、苗栗）。事變發生後，不知損失如何，問我有無膽量去看一下。當時這些地區都還在反抗者控制之下，我說我年紀輕，無家無室，這麼有挑戰性的工作，當然願意去。

錢署長說：「我請長官公署派一輛吉普車，四名槍兵保護你去。」我說：「這麼辦的話，那我的麻煩可眞的大了。只需要一名司機和一名翻譯。不能有任何武器。」錢署長於是另派了一位張天扶兄陪我同往（張兄後來住在埔里，三、四年前，我們在慶祝高公瀚先生八十大壽宴上仍曾相會，談起當年往事，不勝唏噓）。

就這個樣子，我們於次日上路了。剛一過臺北橋，便看見頭纏布條，手持木棍或其他各種「武器」的人，三三兩兩的散在路邊。那時不時興吃檳榔，否則一定會吐得滿地檳榔渣。電線杆上掛著一幅白布條，寫著：「我純情學生軍赫赫戰果，支那軍全滅」。當時我見了實在反感極了。到今天回想，他們本來就在日本文化中長大，根本不通華文、國語，這樣寫來洩憤，是可以理解的。

一路下去，只遭到幾次盤查，張天扶兄平安順利地應付過去。第一站到了桃園，接待我的好像是合作社負責人。他告訴我，所有救濟物資都保管得很好，毫無損失。以後我遍歷沿海鄉鎮，如楊梅、八德等等地方，大致都是如此。

在每一處我都聽說有不少外省人受到毆辱，但卻未能會見其中任何一個。有些地方外省人及眷屬被集中禁閉在國民學校內。他們的衣食住、如廁、入浴等生活細節便非我所知了。我還接受過地方仕紳的款宴，當時在那些鄉村地區，日常生活並未受太大影響，飯店依然營業。我的主人都對我說：「你是事變以來第一個到此訪問的外省人。」以我當時的觀察，他們對外省人的怨恨並不深，至少不會深到要發動這麼一次大規模暴亂的程度。或許我所經過的區域主要是客家人區，閩客之間的隔閡仍在，處事態度各有差異，而二二八事件的反抗主力乃是福佬中的失業人民和流氓，所以客家人態度比較緩和，亦未可知。

◉知識份子敬重公權力

以我的觀察，另外還有一個非常重要的因素。臺灣人經過日本五十年有效率的高壓統治之後，人民對政府公權力的畏懼根深蒂固。在日本統治後期，許多臺灣人不但習慣於無條件尊重公權力，而且以能參加日本人陣營、分享這份公權力爲榮。所以當皇民化運動開始後，不少臺灣人換了日本名字，在家庭內亦使用日語。我們必須了解當時五十歲的臺灣人，出生之時正是日據時代，等到讀書入學、進社會工作時更完全在日本文化影響之下。他們的子女、孫輩無不日本化之理。

因此，愈是知識份子與社會上層階級，對政府公權力的尊敬愈深，在他們心底，十分害怕冒犯公權力。雖然有這一次風起雲湧的大規模抗爭，許多臺籍人士對整個事件的發展，仍充滿恐懼和對未來結局的不確定感。

我在楊梅住宿一夜，當地一位民間團體負責人，姓范姜，請我吃晚飯，這是我平生第一次見此姓，故印象深刻。飯局中，他以生澀的國語，吃力但盡心地向我解釋，他們並無意傷害外省人，更無與政府為敵之意；只是有些年輕人失學又失業，產生了怨懟心理，大家若肯原諒他們，事情也許就過去了。

他對我說話時，仍是一付卑躬曲節的態度，他不知道我這起碼小公務員，實無任何影響力替他向有影響力的人說這番話，但我能體會他的心底存有一份畏懼。這與我在臺北大橋頭看見的那些頭纏布條、手持木棍，準備隨時打人的青年大不相同。

今天距離「二二八」已四十餘年，臺灣社會的變革已經把那位老者所有對公權力的敬畏消磨殆盡。我無意讚揚老人的態度，亦無意說讓老百姓具有那般的敬畏心理是好或壞，只是指明當年日人所建立的一份公權力權威性，不論是好是壞，在二二八事件中已被消磨了一大半。我在每一個地方都要求去看看保管的救濟品，不但保管得好，帳冊清楚，更沒有損失。這也是臺灣人對公權力的尊嚴不輕於冒犯的另一個證明。

後來我向錢署長報告時，也指出這一點。我認為，假如這次暴動發生在內地，我相信倉庫裡的公有物資，而且是當時那麼切合民眾需要的奶粉、麵粉等物品，一定會被老百姓搶個精光。在今天的臺灣，如果再發生一次那種規模的公共秩序失控情形，相信也是一樣的。但在當年日本人殘留下來的公權力威嚴，確實令人深具印象。但我必須再度指出，我無意讚揚日本人的「治績」，更不能同意日本人建立這種公權力威嚴所用的手段，只是簡單的說明這個事實。

◉意外？有計畫暴動？

回臺北後，錢署長對我說，陳長官聽說我剛去過暴民區，必有一些親身體會與見聞，想找我去談談。我想他已是即將離開現在職位的人，而我又不是長官公署隸屬職員，家庭又和陳儀毫無關係，本不想去，但最後還去了。

陳儀一見面，仍然維持著威嚴的面貌，我對陳解釋，現在有很多人說有多少外省人被殺，但依我所見，這一場暴亂，臺灣人主要是以毆辱外省人，毀損外省人的家庭財物以洩憤，不是一場有計畫的屠殺。想想這麼大的一場暴亂，參加的人當以數十萬人計，各別的仇殺或下手過重而致死亡的自然難免，如果衡以暴動規模，我們應該公平的說，這只是一次臺灣人發洩不平的意外事件，不是以殺外省人為目標的暴動。我又表示，現在在臺灣的外省人有幾十萬，我們每個人都有外省親戚朋友在這裡，長官不妨向你親近的外省朋友和部屬，確切查明誰家的父兄子弟在什麼地方、什麼情況下被殺死了，不要說聽說某某人的鄰居、某某人的表弟被打死了，這種說法都是靠不住的。我又說現在很多人把這件事看成臺共的有計畫行動，又說謝雪紅已經來到中部山區指揮暴動。我完全看不到任何臺共的影子。在暴動者心目中，根本不知臺共爲何物。而自從三月一日起以當時的通訊與交通條件，中共知道此事已在多日以後，若中共想派人來臺至少一個月，那豈不太高估了中共？至於謝雪紅在何處，我當然不知，但臺灣山區不同於內地山區，戶籍詳明，沒幾個漢人在那裡，誰也藏身不住，更何況要在那裡組織反叛活動。陳儀聽了我的話後，我覺得他有點動容，可是他也未加評語。

三月九日以後，國軍登陸臺灣，開始鎮壓行動，到了這個階段，任何人也挽回不了悲劇之發生;中外古今任何國家、任何政府，對這一類鎮壓行動都必然具有狂暴性格。國軍登陸後的殺戮之慘，各家記載甚多，非我所忍言。

◉鎮壓行動必然狂暴

在我看來，二二八事件本來並非十分嚴重，是臺人的怨懟爲一批激進份子所利用，他們錯認這是一個大好的奪得權力的機會，以致於不可收拾，這些人都沒讀過歷史，不知道在清朝臺灣的幾次武力抗爭沒有一次不失敗，而中央政府的鎮壓行動也沒有一次不是很殘忍暴烈的。其實，外國的歷史，亦復如此，進入二十世紀中葉以前，任何國家的任何政府，對國內同一性質暴亂，沒有不殘忍鎮壓的。除非暴動的一方具有十分強大的實力，使得鎮壓對政府是一件極大的冒險的話，內部的分裂暴動在歷史上幾乎可以說毫無機會，當時二二八無組織的群眾當然不具有對抗政府一支軍隊的力量，而那些少數的激進派份子却相信，他們的政治性要求有被接受的機會，這些人之中不乏受過高等教育的人士，却錯誤到如此地步，眞令人惋惜。我追憶這一些事實，希望往後歷史不再重演。

我今天追述這一段往事時，胸懷沈痛。臺灣已是我的故鄉，我每次出國回來，飛機到了臺灣上空就止不住急於返鄉的渴望。這片土地，這些人民是我深愛著的。但這裡族群分裂，却將像我這樣熱愛這片土地、這些人民，而且對大陸根本就早無認同感情的「外省人」，置於一種特殊環境下，而這個環境，到我的孫兒女時或許才會消失。這一份歷史的不幸，二二八實爲一個重要原因。

第三章◎新生臺灣

7 保密防諜・新聞界

在臺灣四十多年，我的公務員生涯有短時期的中斷，但與新聞界的工作關係却未斷過。

民國三十五年間，我以偶然的機緣，認識了倪師壇兄，兩人成爲終生的好友。因倪君關係，我被邀加入臺灣新生報爲主筆(倪君當時擔任總主筆)，從此與新聞界結緣至今。

三十五年間新生報是臺灣惟一大報，是官辦的。負責人李萬居先生與我一位堂兄在重慶相識，再加與倪君的關係，我與李先生有若干往還。

二二八事件後，李先生與政府不協，魏道明來臺主政，另派了一位崔君和紐君接辦新生報。李萬居退職，開始籌備一家新報，編採言論事務的安排則由倪君負責。倪君幾乎每天都來東門我姐夫周一凱兄(他們是福建建陽小同鄉)家裡閒談。一天，他說新報將命名爲公論報，他在舊碑上湊巧集得此三字，這就是公論報後來的報頭字樣。

三十六年十月二十五日公論報創刊，倪君仍任總主筆。主筆中有周一凱兄、潘志奇兄、楊選堂兄和我。我們這些人都還在二十多、三十左右的年齡，後來師壇死於臺灣的冤獄，一凱回去大陸，死於共黨更殘暴的冤獄，其餘三人俱薄有聲名，也是值得一記之事。

當年公論報業務鼎盛，每隔一、二星期，李萬居先生就在他的寓所（康定路瀞園）招宴我們這幾個年輕人。當時報社人員常報告印刷速度趕不及，大多數訂戶須到下午才能收到報紙，不得不拒絕了許多新訂戶。以當時的盛況，若公論報能早日解決印刷問題，建立完整發行網，並嚴格訂立內部訂戶和廣告收費的管理，今天的兩大報將根本無競爭生長的空間。我後來曾以此告余紀忠先生，他亦以爲然。

公論報在風光了三、四年後，就開始走下坡了。三十九年十月二十五日，公論報創立三週年還在中華路蓮園開一次紀念會，規模頗大。每一職員，包括主筆，都贈送有鎳幣大小的純金紀念章一枚（我至今保有著，此物存世者不知現有多少，但我的友人中似乎只有我這一個了）。後來公論報不能按時發稿費，人員自然星散，我則於四十二年轉入徵信新聞（中國時報前身）擔任主筆。這一份文字因緣直維持到今日。

◉保密防諜症候

民國四十年代初，臺灣正染患上保密防諜症候，當然誰也不能否認，當初中共確有顛覆活動，但那有那麼大的本事，佈置到各行各業，有千千萬萬人替它工作呢？主持防諜事務的人，是那麼一批多疑而又誇大中共本領以突顯自己工作重要性的人，性情多半褊狹暴戾，又有生殺大權在手，且深獲當局信任。與他們是無理可講的，誰能不怕。在那個階段中，死於冤獄者有多少，恐已無人得知，師壇兄的冤獄，則是我所確知的。

萬居先生是一位可敬的長者，但他是政治人物，往來者當然薰蕕同器。或許是萬居先生報紙的言論逐漸顯露批判政府的強烈傾向（比起今天各報的言論尺度當然還溫和得多），引起主政者對公論報漸感不耐。他們直接對萬居先生下手有甚多顧忌，乃摭拾師壇兄在福建時的一段小事來作文章。

原來師壇在福州時，曾參加過一個「讀書會」，是一個思想左傾、但不一定能歸類為中共組織的小團體。當時師壇二十歲稍多，未讀過大學，因之對進修讀書興趣甚高，事後發覺不妥退出，並已在福建辦了「自首」手續。他來臺後自認當然無事，就不以此事爲念。但防諜人員查到了這一段，便認定他未曾在臺辦理自首手續仍是罪犯。有一天，他們聲勢洶洶地把他抓了去，倪夫人慌了手腳，去求萬居先生幫忙。萬居先生確已無力保他出來，但公論報後來寫了一連串嚴責情治機關、無端嫁禍爲政治迫害的文章，則有火上加油，促成師壇成爲他根本不想做、也沒有本事做的政治殉道者的角色。

◉一死輕於秋葉落

當時我早已離開公論報，得到訊息後，去打聽師壇到底犯了什麼事，得到的回答是「非常嚴重」，也就無法再打聽了。但我始終不能相信師壇有附匪的勇氣，而保安司令部稍早對一位周錚先生的處理，尤令我相信他們的調查工作不實在。周君是曾任警察學校校長周覺生先生的公子，也是我的親戚，他們有幾個年輕人，曾在晚上利用辦公室一齊學習世界語。調查人員不識世界語爲何物，便上報他們是在學習俄文，而學俄文在當時是被歸類爲同情共產黨的。於是周錚被抓了，過了幾個星期才放出來，人已魂不守舍，不敢在家裡住，到我家睡在榻榻米上，直到搭機帆船去福建爲止。爲此，我們朋友間還發明了一個笑話，說當時一種叫 *Espero* 的酒喝不得，因爲這個字和世界語 *Esperanto* 太像了，會被抓去。想起這件事，我愈相信像師壇那樣老實膽小甚至木訥的人，那裡有替中共工作的勇氣，但我却無處可施以援手。

後來師壇被一關數年，我曾數度探望他，他在獄中被派寫壁報之類的工作，倒也輕鬆。他未受刑訊，但也未正式判刑。後來他在獄中患中風，半身癱瘓，治安機關送他去醫院醫治，病房內還派了一位班長二十四小時監視著。此時，治安當局派人通知他夫人，可以保他出去。倪夫人與我商量，我告訴她千萬不可：此時師壇在醫院裡，醫藥費由公家負擔，一旦保他出來，住院費用就自付，他已癱瘓，出不出來，對他已無分別。倪夫人於是拒絕保外。但就在幾天後，那位監視的班長突然一去不返，醫院乃通知倪家自付住院費，師壇就這樣回了家再辦交保，這也可算是一件異聞。

他雖未受死刑，也未死於刑訊，但一介書生，受到莫須有之冤，又被無端塑造爲他根本無意也無能擔任的政治殉道者角色。他出獄後行動不便，生活拮据，幸得余紀忠、耿修業等先生接濟，勉維溫飽，心情抑鬱已極，已了無生趣，說他死於這一場冤獄是一點也不錯的。五十四年十一月十七日中午，倪夫人來告，師壇於十六日暈倒三輪車上，即去臺大探望，他已不省人事，四日後他死於臺大醫院，我因公不在臺北，曾以一首舊詩紀念他，其中兩句是「一死輕於秋葉落，故人心事有誰憐」。就這樣，我失去了一位多年相知的好友。

四十二年，我參加徵信新聞爲主筆。在參加徵信新聞後，眼看著這張報紙由四開一張的小型商業性報紙發展成全球性的大報，余紀忠先生個人的堅忍不拔、有理想、有手段是成功之鑰。在台灣，辦報的人太多了，但是，浪淘盡風流人物，許多人都消失了，成功的只有兩大報主人，而余先生於成功的創立事業之後，猶保有一份書生對是非信念的執著，令人敬佩。

徵信新聞歷徵信新聞報、中國時報的階段，艱辛的日子不少，有時紀忠心情抑鬱，來約我去喝茶。我們曾在螢橋邊的茶座、第一飯店的頂樓，默然相對，又默然離去。

自徵信以迄時報，紀忠兄重視言論的態度爲臺灣各報之冠，這也是時報言論一直地位重要之故。最初，徵信並無總主筆，聯繫與閱稿都由紀忠自任。每一、二星期主筆會餐一次，大致決定應寫題目、立場及檔期，臨時有事，則電話邀約。閱稿時，紀忠對重要文章內容，刪改甚多，更且常與原撰稿人半夜共商，字斟句酌，滿紙刪改，有時幾於不可辨，排印校對人員一定非常辛苦。

◉時報言論力救疑案

以反對出版法爲例，紀忠對此事立場十分堅定，雖與執政黨中央政策相左，他堅持定見，認爲訂立出版法，既不合宜，又無用處。出版法立法後果然既未能嚇阻言論，又根本未曾付之實用過，證明紀忠的判斷完全正確。不過在當時，黨中央態度十分頑固，非通過不行。徵信連續發表數篇在當時算得上尖銳的言論，有些都是紀忠深夜約我一同刪定的，他的堅定不移，實令人佩服。另一件徵信言論上堅持不讓的事，却只是爲了一個名叫張韻淑的女子。這個女人嗜賭輸了錢，她的一位親戚家有一個十多歲男孩，還有二十來歲的女工一人，某日此二人被殺死於屋內，現場並無打鬥狀況。苦主懷疑張韻淑是兇手，又有人看見疑似她的人於當時出入該地，附近的人力車夫並指稱苦主託夢給他，指證是張韻淑行兇，且有一後來證明爲子虛烏有的黃姓男子共犯，法院乃判張韻淑死刑。徵信的立場是，一個女人要同時掐死一個半大男孩子和一個成年女工，勢不可能，若有共犯，此人又是誰？所以徵信堅定主張有疑不用極刑，且再三申言所論非爲一人，而是爲了司法的公正性。

徵信力爭結果，保存了張韻淑的一條性命，紀忠當時夜半與我刪定文稿，態度亦極慎重，因爲事涉司法審判，有一句差錯報館即可能被羅織入罪而有不測之禍。

徵信以迄時報於民國五十三年夏設立總主筆，專司電話聯繫、排題目、檔期，亦有權刪改文章。我爲第一任總主筆，不久後，楊選堂兄繼任，然後是李靈均（廉）兄、楊乃藩兄，迄至乃藩退休。

主筆陣容前後則有潘志奇、沈宗琳、戴杜衡、楊選堂、夏期岳、王洪鈞、鍾鼎文、邱楠、王作榮、江德成等人，他們或已大歸，或已離去。回首三十餘年，每回憶當時年方壯盛，文酒留連，暢論天下事的情景，神往不已。

◉新聞歸新聞，公務是公務

我擔任報館主筆，以報館與公務員生涯截然分開爲守則。我曾擔任不同的行政職務，但從不寫與我職務有關的捧場文字，我覺得那是不道德的。民國五十五、六年間，我任證管會主任委員，徵信的記者們對證管會不滿，有時所報導的新聞全無根據。曾有同仁私下問我，爲什麼不向余先生辨正，我却認爲：第一，我不想利用這關係；第二，證券市場就怕你不開口，只要你說及這個消息對或不對，就有文章可做，有得炒，一切置諸不聞不問，除了涉及誹謗之外，不表態度是最明智的辦法。

我主管貿易近二十年，自問不無貢獻，但也從未寫過讚揚貿易發展的文章，書生習氣實在難改。

總結我與新聞界的淵源，我雖然是行政人員，但深深相信，一個能發掘各種隱密，公諸社會的新聞體系是最好的社會防腐劑。臺灣的新聞界格調未必甚高，尤其是記者採訪部分常有許多很難叫人相信、却又不能不信的敗德傳聞，十分可歎。但整個社會的格調如此，獨苛求於某一環節，亦非公允。司法紀律、警察紀律的敗壞豈非比新聞界的敗德影響更大更深。三十多年來，政府允許新聞界漸漸放寬批評政府的尺度，也是發展中國家很突出的例子。

8 「外行」礦務科長

三十六年二二八事變平息後，我家人原要我回北平。我也去買了到上海的船票。五月間，已解散的救濟分署署長錢履周先生打電話給我姐夫轉知我（那時家裡沒有電話）去看他。去時他說，我的一位老友楊家瑜來任建設廳長，需要一位祕書，我已介紹你去。我說，我要回北平了。他勸我不必回去。第二天我去看楊先生，他只和我說了三句話：第一句是，你何時可以上班，我說要料理一下，下星期內可以來。他說，那麼你下週一來好了。第三句話是再見。就這麼簡單開始了我四十年的公務員生涯。楊先生對我十分賞識。直到他故世，我對他感念深切。當時有人說我是他的學生，其實不是。他任中央大學工學院長多年，我是聯大法學院畢業的。

三十八年春，建設廳礦務科長陳百藥先生辭職，楊先生囑我以秘書去暫時兼理。一個多月眞除。迄今爲止，我還是臺灣礦務科長中唯一一個非學採礦的。我擔任礦務科長時代（民國三十八至四十一年），礦務方面人才不多，記得我在美援剛開始時，想申請一些最起碼的煤礦安全設施，如安全燈之類的物品，卻找不到人準備英文文件，只好自己請教當時美方主管礦務的專家安拉特（*Emrath*）先生，請他幫我修改文件。那時候臺灣礦山的保安設備眞是原始，我不知道在日本本國礦山安全狀況如何，但在臺灣除了抽水設備、簡陋的排風設備和毫無章法可言的木造坑架之外，幾乎沒有任何安全偵測和災變防止設施，連安全燈都沒有。所幸那時礦坑並不太深，最深的幾個也不過二、三千呎，如菁桐坑、石底大斜坑等，不像後來礦坑採到海底之下，採礦人命的損失，已經達到每採十萬噸煤，就得傷亡數十的比率。

◉煤礦天然條件甚差

民國三十八年松山三坑發生爆炸事件，死亡達十九人之多。我當時便趕到災變現場，進入坑內後看見坑木都已半倒，再往前進不遠，從崩落的沙土中就可看到露出的一雙人腳，那情景眞是可怕極了。我退出坑外，只覺頭痛欲裂。

從那一次起，我痛感臺灣煤業完全缺乏安全設施與知識，因此除了向美援申請支助以外，並改組礦務科，設立一新的保安股，請到一位日本秋田礦山學校畢業的羅慶蘭先生主持，建立臺灣礦山的安全體系。羅君一直和我維持很好的友誼至今。

說起我們的新安全設備，實在也很簡陋，主要的不外是一些起碼的安全燈等設備，並規定了排水、排風的標準。但台灣煤礦的天然條件實在太差了，除了因地形破碎、斷層特多以外，地質粗鬆，瓦斯含量也極高，開採時還不時有瓦斯洩出、煤塵爆炸或礦水突然洩出等意外情況。一旦坑內空氣中，瓦斯或礦塵以某種比例與空氣相混合時，皮鞋的鐵釘與路上石頭相碰所產生的火花，便足以引發一次驚人的爆炸。

台灣煤層的另一個缺點是驚人的薄，在正常情況下僅在一臺呎厚左右。過了一臺呎就會被稱爲「厚煤」。在此情況下，坑夫採煤，是側著身體進入煤層，當然要把煤的上下砂石層一同採下，才能繼續前進挖煤。這樣採出的煤中所含的雜質，當然極高，需經過選洗，才可達到起碼的規格要求。

一般而言，那時候收煤的標準名義上是六千至六千五卡洛里，實際上可能遠比這數字爲低。當時石油煉製與供應量還不大，臺灣鐵路、電力和經濟上最重要的製糖業都還是用煤的，煤一缺乏就如同石油恐慌一樣危急。

除了這許多麻煩之外，臺灣煤還有一大問題，便是含硫過高。絕大部分煉焦煤礦含硫逾四％，煉成焦炭後，完全不能做冶煉高級生鐵之用，這也是我後來主管貿易時，一直反對管制生鐵進口的原因。

通常一件機器設備之中，往往生鐵成本只佔很少一部分，但生鐵的品質卻對這件寶貴的設備有極重要的關係。例如鋼琴的琴絃是安裝在生鐵所製造的架子上，生鐵品質不良，會影響音質；高級車床的底座也是生鐵製的，生鐵品質直接影響車床的精密度。但煤含硫過高一直無法改善，一直至中鋼公司生鐵問市，才有良好的生鐵，但那已是我主管礦山業務以後多年的事了。

◉礦產無商業開採價值

臺灣面積雖然不大，但礦物種類可真不少。有一篇日據時代臺灣礦物資源的調查報告，說臺灣是礦物博物館，意思便是臺灣礦產資源種類繁多，但多半缺乏商業開採價值。幾乎除了前面所說低品質的煤和製造水泥原料的石灰石以外，就無有規模的礦產了。可是，石灰石蘊藏量九〇％在中央山脈內，那麼笨重的東西藏在深山之中，交通運輸耗繁，在交通條件改善之前，也是不能開採的。

說起台灣礦物，石油、天然氣都有少量蘊藏，煤礦之外，火層岩的礦物，如黃金、銀、銅、鉛、鋯、鈷、鎳等都有發現，甚至在西部沿海，也有過極少量的砂鐵礦，而硫化鐵礦、雲母礦、滑石礦等，在臺灣亦有小規模蘊藏。二次世界大戰後期缺乏雲母，日本政府動員中學生在花蓮山上揀拾雲母，數量當然微不足道，但足見當時物資之窘迫。

民國四十年夏秋，主管美援審核的懷特公司（J. G. White）忽然對台灣鎳礦發生興趣，希望我們去東部探勘鎳礦。我便組成了一探勘隊，以羅慶蘭兄爲首，率領幾位技術人員到東部關山一帶山中從事探勘，對外連絡處設於關山鎮內。由關山鎮到探礦所在要涉水過條小河，當時並未設橋，都是由山胞背著過河（前幾年我再去關山，想找尋那所房子，却已痕跡難尋）。在山區幾個可能的地點，我們前後開了好幾個坑洞，找到一些低品質鎳礦，大致含鎳不到二%，量與質均未達商業開採標準，就此作罷。

那時關山是一山間小鎮，位於花蓮、臺東公路上，人口不多，晚上連吃消夜的攤子也沒有。當時尙無定期公車，交通工具也十分缺乏。居民已以平地人爲主，山胞住在各自的山區部落內，沒有出來開店、做生意的，但有不少受僱做工。他們全部講土話，會說日本話的並不如我們想像中的多。當時我們僱用一批布農族山胞做工，前後數月，他們臉上尚有刺青，身上帶著把刀，相貌獰惡，望之生畏，但卻善良得很；我們晚上在帳棚外，生著營火，以嚇阻野獸（當時山上野獸很多）。早上起來，曾經發現當地附近有熊的足跡。山胞工作態度並不特別懶惰，只是愛酒如命，並且不要好酒，我們帶了米酒去送他們，他們便高興極了。當時臺灣尚無紹興，我們所謂的好酒是紅露，他們可不欣賞，一旦喝醉以後，便又跳又唱，消失在黑暗的山路中。我由此想到我國歷史上說大禹斷旨酒，被認爲是一件歷史大事。我從小不懂禁酒有這麼大的重要性。後來遍歷非洲、中南美等地，看見許多落後部落人民嗜酒如命，才悟解到古代人受酒的毒害，原來十分強烈。今天山胞已在穿著、語言上，與一般人無異，關山附近再也看不見熊的足跡了。這幾十年的變化眞大。

除了鎳礦以外，美國人曾表現高度興趣的還有雲母、鋯（*Zircomium*）、釷（*Thorium*），後二者的礦石叫做獨居石和風信子石，屬於放射性金屬礦。

民國三十九年至四十年，一位叫沃樹炎的上海商人，直接向美援請到一筆援款開採（非探測）蘇澳的雲母礦，這大約是政府遷來臺灣後的第一筆計畫性美援，或者是最初兩三件之一。爲了以後美援的順利，政府不能讓這計畫失敗，換句話說，不能讓沃樹炎倒閉。我便奉當時尹仲容先生之命去設法穩住他。

在整個的探採過程中，事實上，沃先生連一片雲母也沒有找到，但却找到了一些石綿滑石和蛇紋石。台灣的石綿組織太疏鬆，不能用於紡織，只能製造石綿瓦和土窯用耐火磚。這礦支撐了許多年，因我於四十一年離開礦務科，最後如何收場已不得而知，不過當時探採時所採到的大量蛇紋石（*Serpentine*）却可爲肥料原料，其中有結晶的比較硬，顏色深綠的石塊，並可打磨光亮，被稱做臺灣玉。

◉臺灣礦藏稀少

至於鋯和釷，我不但以前從未聽說，至今也不知其用途，只知它的結晶物叫 *monazite*，結晶粒大者可以打磨成寶石。在日據時代，日本人已發現西岸朴子溪下游沙層中，有鋯和釷的存在。當時麻豆設立了一極其簡陋的小工廠，選洗砂石，取得一些原礦。礦務科成立以後曾追蹤此事，大約在三十九年間，我與同仁，即後來在經濟部礦業司長任內退休的樊遺風先生一齊去麻豆，依著地址，找到了以前的那間破屋，無人看守，也未被搶劫，有一些明顯可辨認的選礦設備如震動器，想來是用來選礦的。壁角放了半麻袋選過的礦砂，牆上掛著一件舊國民服，屋內塵灰寸壅，我們取走礦砂，帶回臺北，結局如何，我未曾過問。（後來經濟部還成立過一個稀有礦物探勘處，也未能探查到礦源。）

由於臺灣西海岸屢次發現這些稀有礦物，甚至還有一點砂鐵礦，而除了黃鐵礦（硫化鐵礦）以外，沒有鐵礦蘊藏，所以大家懷疑在中央山脈中或許有這些礦物的礦體，日據時代也曾調查過，並無收穫。

但一個明顯的事實是，臺灣沒有什麼具有商業性開發價值的天然資源蘊藏。後來許多專家一直想在臺灣尋找新的天然資源，除了天然氣和石灰以外，也沒有收穫。今後除非在探礦技術上有非常的突破，否則恐怕難以改變這個事實。

9 從「翻譯員」到「社會領袖」

民國三十七年。一個偶然的機會，我去美國駐臺北總領事館任臨時非專任譯員。我的名字是*Wang*。上午十一時半左右，我從建設廳騎自行車到北門美國領館，任務是將當天五份中文報的社論各作一篇極短的英文節要。如果美國人要全譯時，第二天就帶回家去譯。要全譯的不多，一般而言，凡是罵美國的，捧美國的，一切與省籍因素或臺獨意味有一點點牽連的都要全譯，否則不要。大約一星期中有一、二篇全譯的而已。在那一段時候，美國人員的好注意臺灣的省籍問題，有無製造一個獨立臺灣計畫，我自然不知，但似乎有此趨勢，且至今猶然。白樂崎不是已放出了一個風向氣球了嗎？

那時候，臺北總領館並無美新處（USIS或更早所稱的AIS）的設置，只有一個新聞股*Information Desk*。負責公關新聞的，是後來發表有名的康倫報告大康倫的弟弟，總領事名克蘭滋（*Krentz*），從沒跟我說過一句話。我的直接上司（勉強可說是上司罷）

是一位香港華人名李炳煦（*P.H.Lee*）。我通常工作至下午二時許，騎車回建設廳上班。

總領事館內土著的地位眞可憐，洋人叫你時，你得立刻放下手中工作，說*Yes Sir*，進去聽吩咐。洋人的氣焰，中國人的卑躬曲節，完全是殖民地的倫理狀態。據我所知，一九五〇年以後，這種狀況大有好轉，美國人也許體會到花了大把銀子在全世界買來了敵意，對這些足以引人反感的事有所改進；也或許環境的變化使得美國人巍然獨大的地位難以再維持也未可知。總之，後來我在美國駐外機關中所看到的美國人對土著的氣焰，確非一九四八年在臺北總領館對華人的狀況了。

但在美領館工作的時間內，我也領會不少美國人的治事態度、人際關係，也學會不少英文。例如有一次報紙社論寫錫口痲瘋病院，痲瘋這個字我不會，查字典無著。我找了一個美國女孩，形容這個病給她聽，她想了一下說是V.D（性病），我知道不是。後來好不容易查到痲瘋的英文名，這個字我終身也不會忘記。

三十八年，美國總領館問我願不願意改爲專任，我拒絕了，因爲我無法忍受洋奴的工作氣氛。

由於這一份工作並不是什麼體面的工作，我的朋友們極少人知道。後來我有機會問情報治安方面的人，我的人事記錄中有無此一段，我得到的答案是他們不知道。可知我們的人事查核效率不高。

◉美方低估日本實力

我在美領館工作之時，有一次作一篇批評美國對日政策文章的節要，想不到次日交下要全譯。其實遠在韓戰以前，美國人對日本事務的關心已很明確。不過，在那一階段中，所有美領館中低級的美國人員（高級一點的我無從攀談）對日本的經濟、技術能力都很看不起。這情形與聯合國救濟總署的英美人士的看法一樣。在臺灣聯總有一位英國人副署長名亨特准將（*Brigadier Hunt*）對我還不錯。他談起日本來，總難掩一種鄙夷之情。還有一位美國人名*Edward Paine*則對一切東方人都有那種憐憫的同情，令人反感很深。

經過了那一段時日，我才了解爲什麼早期華僑愛國愛鄉思想那麼強烈。現在西方人對東方人觀念大改。在美國駐外機構中工作的土著也不復被鄙視了（至少不是明顯的），這是一大進步。

一直到民國四十七年，我服公職已有一段時日，突然接到美國駐華大使館來函，說準備提名我爲國務院「社會領袖考察計畫（*Leader's Grant*）」候選人，七月間成行。

首站停留東京五天，爲的是想去看幼時先祖父一直念念不忘的上野公園和銀座書店。我祖父汪聲玲於甲午戰爭後，受清廷派遣赴日考察軍事約一年。至老年時教我讀書，課讀之暇，常和我說東京銀座書店對客人如何殷勤，客人拿起一本書，店員不但不趕你走，有時還會端個凳子請你坐。東京還有一上野公園，在他眼裡，景物絕美。因此，我一下飛機安頓好旅館，便叫了一輛計程車，直奔銀座。書店尚有數家，書是不少，對客人已不再殷勤，端凳子給人坐的古風當然沒有了。不過，你若是站著看一、兩個小時，倒是沒有店員表示不耐煩。失望之餘，轉去上野公園，景色與臺北新公園相像，只是放大了一些，與北京的中央公園相比，我覺得還有所不如，毫無令人激賞之處。

我問別人幾十年前上野公園是否就在此地，答案當然都是肯定的。晚間，作書給內人說：今天去到了祖父數十年魂牽夢縈的地方，原來不過如此。不知祖父當時是怎麼看的？內子後來對我說，在那時，中國正沈淪在黑暗的深淵底，而日本正在興起中。祖父當年所感動而不能忘的乃是週遭的氣氛，不一定就是那個公園與書店本身。

從東京飛至美國第一站是檀香山。當時的檀香山仍有許多華人餐館掛著「李公雜碎」

的牌子。我震於雜碎的大名，走入餐館，叫了一客炒麵，一客雜碎。原來所謂李公雜碎，便是青菜梗、豬肉片煮在一起，勾芡成糊，澆在上面。而所謂炒麵者，便是在那雜碎裡，混入一些二吋多長炸過的麵段，實在不堪下嚥。在我對著它們發愁發呆時，老闆出來了，以相當好的廣州話對我說，這些東西是給「老番」吃的。他另外預備了兩個小菜給我，居然亦甚可口。這一類的老廣東華人餐聽現在已不多見，一九六〇年代之後，逐漸被淘汰了。

轉到華府後，我被安排住在第十九街一家叫總統旅館（*President Hotel*）的小旅館。

◉從WANG到WONG

第二天一早依行程前往拜會替我安排行程的人。這是一家叫「政府事務社（*Goverment Affairs Institute*）」的法人機構。上午九時準時前往，接待我的*Dr. Kirkpatrick*已在等候。他翻開卷宗一看，說：「啊！你還替臺北美國總領事館工作過。」這番話令我很意外，但從這回以後，我和美國政府人員交往多年，沒有人再提過這檔事。只有臺北美大使館經濟參事莫瑞爾先生（*Bill Morell*他是CIA的人員）曾告訴我，國務院公文上寫我名字常寫成WANG而不是我後來用的WONG。

當時替我排定的行程，是先至匹茨堡大學參加幾個星期的研究所國際關係課程，然後在美國西部和南部旅行，會晤地方領袖，考察民情。

在旅行中，美國人帶我去看非常貧困的黑人區與印第安保留區。那些人的貧窮與落後，令人吃驚。但邀請者並未有要隱瞞之意，美國的開放性，更令我印象深刻。

在美國旅行一圈，我獲得的最大印象是，這個國家是打不倒的。不僅經濟、軍事力量強大無比，政治、社會、文化，每一方面都非常健全。例如在紐約買報紙時，是在轉角一堆無人看守的報紙堆上自己取報，自己丟錢。沒有人會拿一份報而不給錢的。我真奇怪，日本的決策者對美國作了那麼多的調查工夫，何以仍然敢對美發動戰爭。

我在紐約州的*Norwich*鎮的一家人中居住兩天，主人是平凡的小市民，但談起世界局勢，却頭頭是道。在別的小城，星期天早晨，看見父母帶著子女，穿戴整齊、神情愉快地魚貫進入教堂，每個人都一臉和善，一臉快樂。我想，宗教對這個國家文化與社會進步眞是有幫助的。

在華府時，曾去參觀國家藝術博物館。那原是一家富豪的宅邸捐作博物館的。對於其豐富的收藏、精心的照顧與參觀者之井然有序，沒有囂鬧、吃零食、丟果皮者，每一個人都靜靜地在名家作品前欣賞作品的樣子，我寫信給內人，說相信若有天上瑤池，當也不過如此。其實，這博物館比我後來在美國陸續參觀的*Smithsonian*等，還差得遠。

◉美國盛世不再

美國的富庶，令來自貧窮國度的人感嘆不止。我那時年紀已近四十，在社會上服務逾十年，可以說具有相當觀察力。我感覺美國就像古羅馬帝國一般，是一個眞正的超級強國，世界上絕無任何國家、任何力量可與它匹敵。殊不料，不過三十年，美國社會內部的質變，使得如此強盛、開明的國家，好像羅馬帝國一般，由於自身社會的變化而露出衰敗之象。

一九七〇年代，紐約街頭已經看不見成堆的報紙讓人自動丟錢、取報了。到了八〇年代美國報紙全鎖在鐵箱內，要投幣才能開箱。縱使如此還有人打破鐵箱，偷取那些許零錢。

美國公立中學在五〇年代學生都還守禮安份，到今天，很多公立學校學生會帶武器到學校，教室玻璃打碎無人補，吸毒現象普遍極了，對老師敬意蕩然無存，都是當年我初旅美國時所絕對不能相信會發生的。不過，西洋文化寬容性值得敬佩。我在六〇年代之初，到紐約去，友人帶我去看嬉皮，那時還是嬉皮初出現的時候。我們在一家咖啡店內小坐。店內四壁糊著報紙，女侍們用極其隨便的態度招呼客人。人行道上三三兩兩的男女相擁而坐，衣著破敗，汚穢不堪，親密地互吻或互相擁抱著。我問友人，這些人三餐如何解決，他說，這些人不偷不搶，自己想辦法解決三餐。晚上就睡在屋簷下或空著的房子、走道等地方，不做事，却也不搗亂。我當時的反應是，我若有權，一定把這些人都抓起來，去教育他們做點有益之事。及今二十餘年，那些嬉皮早已不見。到底冰冷的水泥地和垃圾桶裡撿來的食物是不可久恃的。假如照我的想法把他們都抓起來，這些人一定都已變成都市游擊隊了。西洋文化以包容、寬大，自然解決這個問題，我們東方人應引以爲法。

10 在稽核組的時光

民國四十八年，我擔任外匯貿易審議委員會（外貿會）研究室主任時，有一日主任委員尹仲容先生找我去，說要建立一小組形態單位，用一批新人，做外匯使用效率的探討。他指定副主委錢昌祚先生爲召集人，我擔任執行祕書；經費由美援撥給，待遇標準比照美援單位，但不經銓敘，也無正式公務員資格。

下半年開始組織工作，招考人員。我們在羅斯福路二段找到一棟四層樓房，做爲辦公處所。考試錄取了十幾位優秀青年，其中包括現任財政部次長李仲英、國貿局局長許柯生、駐歐洲代表魯肇忠、駐泰商務代表蔣傳富及過去曾任中信局副局長林孝達等人。

考試過程中有一件事，足資一記。考試過程十分公正，絕無請託。筆試完成後，主持閱卷評分的錢昌祚先生和我說，有兩個人競爭同一職位，分數只差半分，低半分的是男的，你如有意選用其中一人，可以在口試分數上略加調整。我說兩個人我都不認識，不能比較，但我比較喜歡用男生，就這樣錄取了那個筆試低半分的男生。這個人性格頗爲特殊，在我們這個小單位內與任何人都不能和諧共處，成爲很久的麻煩。由此可知任何事情，稍有不平，都會有不良效果。

◉收取佣金是常態

稽核組成立之後，首先注意到的是進口美援物資的佣金問題。當時美國政府規定所有利用美援之出口商，都必須塡表（*Form* 280號表）申報，其中對佣金等記載甚詳，當時洽得美援機構之同意，每天派人抄錄其上之資料。結果相當令人吃驚，佣金數額驚人之高，尤其是整套機械設備，有時竟會高達兩位數。抄錄幾天後，立刻引起國外供應商之反彈，向美國政府抱怨，說不應把政府官方文件洩露給外國人。從此未允我方再抄錄。二十餘年後，當日本爆發洛基與丸紅商社以花生米爲代號給付佣金的事件時，我便想起這原來是國際間做大生意之常態。

稽核組採取不簽到、簽退制度，大家各就所指定之題目進行研究，各人盡心盡力工作，實無簽到簽退之必要。但爲了應付外貿會人事部門之需要，仍然備有簽到簿一本，直至民國五十五年我離開稽核組爲止，這小組做了不少研究工作，還曾經累積印行了許多篇報告爲專書，可惜手邊已無存書。

在稽核組六年的時光，是我一生中工作最愉快之一段。在那與世無爭的小天地中，既無權力，亦無是非；我讀書、看調查報告，充實了不少知識。最難得的，是對臺灣經濟狀況的許多層面有了很深入的認識。這對我後來主持貿易工作，統籌全國經濟利益時，有極大之啓發。

對各個主要輸出入市場，稽核組亦做了許多研究。慢慢地，我發現日本市場原來是對品質要求最嚴格的市場。這違背了我們多年來的認識，覺得經濟貧瘠的日本，不需品質要求太高的產品，何況當時MADE IN JAPAN，便是次級貨的代名詞。大陸上一直有一句「東洋貨」的諺語，意思是品質較差的產品。

進入民國五十年代後，日本市場對輸入商品的品質要求日顯嚴格，反而是銷美之產品，蓬蓬勃勃，發展極快，對品質要求並不嚴格。其原因是，美國消費者的文化背景、經濟收入、生活習慣，彼此大不相同，對消費品的選擇並不嚴格。而日本是一個結構謹嚴，社會習俗幾乎一致的單一社會，每一個日本人都穿類似的衣服、吃類似的食物，住非常相像的房子，而他們又一向有珍視物品的習慣，購得之物品不輕易丟棄，因此在購物時，對品質便頗爲挑剔。

例如香蕉曾是輸日大宗物資之一。日本市場對香蕉需要量非常迫切，但進口規定却十分嚴格：太大的不要，太小的也不要，有一點變黃就打回票，至於皮上有黑點，更是絕對不能接受。我國出口商一直相信臺灣香蕉品質優秀，風味獨特，深得日人喜愛。表面色澤金黃的中南美蕉，絕對不能與我抗衡。事實上，不消幾年功夫，外觀良好的中南美蕉便打敗了風味良好的臺灣蕉。

有一次我把日本市場重視品質過於美國市場的報告，拿給當時任外貿會輸出組召集人俞汝鑫先生看，他有一點不以爲然，說：日本人比美國人更嚴格？我亦未加辯解。但由此可見，當時國人對日本市場認識不夠。

第四章◎貿易起飛時代

11 權威鼎盛國貿局

我公務生涯中最重要的、也是最知名的一段，是我主持國際貿易工作的時候。在此以前，雖然我擔任稽核組執行祕書六年，有機會對貿易實務及有關貿易形勢的知識有相當認識，但在課室中聽講游泳課程，畢竟與跳下水池去游是兩回事。擔任國貿局長數年之後，我曾經說貿易不是業餘人士玩的遊戲。但貿易的基本道理是如此簡單，不像工程或自然科學非經專門訓練不可，以致於大家都樂於談談貿易，管管貿易。

在我之前，臺灣國際貿易尚未大幅開展，業務比較單純。我們是國際社會中一個無足輕重的小夥伴，別人也不太重視你。加以前後二位主持人，尹仲容、徐柏園二先生都是權高望重的高官，辦事容易。到我主持之時，環境大變，貿易日趨壯大，國際壓力亦大。而我沒有尹徐二公的權勢，其辛苦可想而知。

談到國貿局的成立，這個機構原來稱爲「外匯貿易審議委員會」（當時稱FETC

C），民國四十四年成立，後改名爲「外匯貿易委員會」（英文名稱修改爲FETC），從它一成立起便是臺灣財經的眞正決策機構，所有重大決策如不經它的同意便難以推動。尹仲容、徐柏園二先生在此一階段，對臺灣財經事務主要決策的影響力便來自貿易的主導權。

民國五十七年，香蕉疑案發生，當時任外貿會主委兼央行總裁的徐柏園先生不知爲何，驟失當局信任，年底改組外貿會，徐柏園先生解職。次年五月又撤銷了他的央行總裁職務移交給俞國華先生。

改組的方案大約於五十七年八、九月間底定。將外匯貿易委員會撤銷，在經濟部下設國際貿易局，接管外貿會的普通輸入組、普通輸出組、加工輸出組，加上軍政組的一部分，以及貨品分類委員會和所有的事務性的單位。同時在央行下設立外匯局接管普通匯款組和軍政機關匯款組大部分業務，將外匯與貿易事務明白劃分。這本是一項很合理的改進，管貿易的不管外匯，管外匯的不管貿易；但以實際情況而言，外匯局的業務是銀行匯兌實務，而是否准許結匯輸入，是否准許以所報條件輸出入任何商貨之權當時仍在國際貿易局。易言之，即在貿易管制甚嚴的狀況下，是否准許結匯輸出入的大權仍在貿易局，廠商是在取得輸出入許可證之後，才有資格去買匯或賣匯。而已獲得輸出入許可證者，則當然取得買匯或賣匯的權利。是以「分家」以後，國際貿易局仍為財經系統中極有威權的一個單位。其時，農復會對貿易沒有權力，工業局尚未成立，成立後最初是靠國貿局授予審查整廠及一般機械進口申請案之權，才能「管」到工廠。所以國貿局雖是經濟部下的一個局，但在那一階段中實在是握有頗大權力的一個行政單位。

◉略有波折的改組過程

從九、十月間改組定案之後，我即被告知將接任第一任的國際貿易局長，央行副總裁孫義宣兄將任外匯局長，我並受命作各種準備。但當我想從事「了解」各組當時工作情況時，方領悟到徐柏園先生對於改組的不熱心。徐公聰明能幹眾所深知，但是他器量褊仄，易於發怒，尤其是對像我這樣的晚輩，脾氣難料。所以我決定不去看他，靜待事態自然發展。因為他業已知曉我將擔任貿易局長，我又是他的舊部與晚輩，他如有吩咐，定會通知我去看他的。就這樣一直到十一月將盡，經濟部這邊有點等得不耐煩了，人事處長來跟我說，我們要知道外貿會現有人員的確實職位、職等、資格、人數，才能發佈國貿局開門第一天的新人事編組與各人的新命，此時還沒有資料怎麼辦？我請他們稍安勿躁。

十二月裡，外貿會的人事主管沈先生也覺得應該讓我知道目前外貿會的人事編組實況，便私下送了一份資料給我。此事爲徐公所知，把他叫去罵了一頓，意思是你想去討好新人。其實我在外貿會工作近十年，這些人全是舊識，無所謂討好。但也證實了我的顧慮不虛。

就這樣雙方按兵不動，直到十二月裡，經濟部李部長怕我臨時應付不及，我說不怕，一定趕得上。我的腹案是，即使到十二月三十日外貿會才肯移交，我們有三天新年假期，趕工辦一辦，也能應付下去，到一月四日一定正式開門。

十二月十五日左右，徐公找我去看他。他神色泰然從容的說，這一次你來接我的棒子，我很高興；我已囑咐人事、會計等單位與你們接觸，籌辦移交的事。他一語未及貿易局內部人事安排。我除了謝謝他十年扶掖之恩以外，簡略地報告了人事內定情況，他完全未加評論，只是在我說副局長已內定邵學錕、何衞明二位時說：「衞明兄怕做不長罷。」我當時不喻其旨。後來衞明兄果然辭職去美了，他的消息眞靈通。

他臨走時，我領銜送他一面銀牌，上面寫「久隸帡幪，夙承栽植，攀轅獻頌，福壽康寧。」我後來去徐府，看見此幅仍掛在徐府客廳中。

十二月下半月起，在徐公親自命令之下，趕工在外貿會停車場上建一排臨時性房屋，作爲輸出入案件收件和發給許可證的地方。趕工到眞正是年底時才完工。

◉國貿局總攬經貿大權

五十八年元月一日，貿易局成立。錢昌祚先生以外貿會副主委身分代表移交。當天發佈的人事命令是副局長陳宗悌、邵學錕、何衞明。第一組長郝昭宓，第二組長（原加工組）劉球業，第三組長（原軍政組）石振玉，第四組長（原輸入組）陳宗悌兼任，第五組長（新編）傅湘霳，第六組長（後撤銷）鮑恩濟，貨品分類委員會召集人程福鑄，祕書室主任袁鴻。今日回顧所有這些人或已大歸，或已休致，或已轉調他處，人事滄桑，變化眞大。

國際貿易局成立後，一直到民國六十五、六年間是權威鼎盛的時候。那時候，貿易開展十分迅速，以貿易帶動經濟發展的形勢日益鮮明，而我在李國鼎先生全力支持下，辦事全無掣肘。其他的機關一時還不明瞭貿易重要性之大，例如農業主管部門，便以一心開發技術爲己足，不太過問農產品的進出口。當然，坦白的說在當時形勢下，他們想過問也很不易。國際貿易局編制上雖僅爲一個局，但實際權威實在很凌厲。

在那時候我國經濟剛剛開始起飛，起飛的動力便是出口貿易，而國內對貿易的支持和對國際市場溝通的管道，和今日相比，十分貧乏。所以國際貿易局一成立便居於關鍵性重要地位。不管是什麼商品，要禁、要開，進出口程序如何安排，全部由國貿局一手處理，不似今天的權力分散；農產品進出口要農委會點頭，工業產品的進出口要和國內工業協調；民間的主張龐雜又不能不理。在當年，這些事絕大部分都是國貿局獨家主管的。

◉全力保護潛力產業

我對貿易政策的基本措施是開放進出口。在貿易局九年多，我致力於此，但坦白的說，我並不贊成過於寬放的貿易制度。臺灣太小，要培養一些自己有競爭力的產業，專精於這些產業，才能長期繁榮進步。在我任貿易局長時，出口量飛快上升，那完全是量的擴充，適逢國際間開發國家對輕工業消費品需求強勁，我們搭上了這一班幾個世紀才開一次的列車，獲得極快的成長機會，但無補於基本技術能力之提昇。

我離開公職後，寫過一篇「小型經濟縱橫談」的文章，指出小型經濟必須發掘出自己競爭力之所在，並全力去發展那些有競爭力的產業。否則有限的資源，平鋪在廣大經濟面上，完全沒有特色是不行的。荷蘭的畜牧業，瑞典、瑞士的精密工業，都是好例。我們不曾花力氣去發掘我們在什麼產業有特殊潛力，並進而培植它。例如電腦軟體，在臺灣技術上極有前途，但紀律及國內智慧性財產權如不獲充分保護，這個產業絕無機會。我的想法是，如果我們找到了有潛力的產業，就該全力投入保護，不可奢談開放。

但一般商品的大幅開放自為貿易形勢之必然，臺灣的經濟發展在當時已達到了非開放不可的時段。因此，自民國六十一年起，逐步開放進口，到六十三、四年，大致完成了如今天這樣的規模。我曾和同僚說，管制進出口的原則應該是大門開得越大越好，後門關得越緊越好。不幸近年來形勢乃與此原則背道而馳。這是社會的變化使然，不是貿易局的責任。

在臺灣什麼稀奇古怪的事都會發生，例如整個貨櫃失蹤案件。

臺灣南北各有一國際港，北方來的商貨可以運到基隆上岸封櫃，等待轉運到高雄裝上南下的船。曾有貨櫃自基隆貨櫃場加封用拖車南運，時間已到未見抵達，其後查到空櫃在某處地上，商貨已不見影蹤。

臺灣的貨櫃進口商品要嚴加稽查是不可能的。臺灣每年進口貨櫃超過一百五十萬個，標準貨櫃每個高寬各八呎，長二十呎，比二間日式四疊半的房子連起來稍小（一間四疊半房子是九呎×九呎×九呎）。這麼大的空間內塞滿了貨物，如果是雜貨，則不一定是同一樣東西，也不一定屬於同一人。

要徹底檢查時，先得把這只貨櫃所有托運人的報單檢齊，雇工把東西卸下，分開堆放，再一一開箱檢查，檢查完還得再裝回去。這一份工作眞是繁雜極了。沒有一個繁榮的貿易國家能夠有本事一一開櫃檢查的。但別的國家並無這種公然的貨櫃走私情形。爲什麼？經國先生在世時曾問我，日本貨櫃進口比我們多還是少？我答自然比我們多。他又問爲什麼日本貨櫃走私不嚴重？我因種種顧慮，不敢多說，只說大概日本人民較守法。他無言，我亦歉然於不能誠以盡言。

◉走私羅生門

其實要查走私眞是容易。整個貨櫃的走私貨一定要賣到市場上來，一上市就立刻暴露在眾目之下，要抓容易得很。這種事只看有權查緝的人要不要管。至於說什麼法令不全、商人狡猾等等，無非託辭而已。

在我國，走私貨之不能消滅，而他國海岸線與我國差不多，甚至更長的——如英國、日本、美國、加拿大、馬來西亞等等——都不如我國之猖獗，爲什麼？這個問題我可以用一個實例說明之：當私貨到達台灣後，最要緊的事是賣掉它們。要賣，就得公開的賣，買的人越多越好。在此情形下，當然極容易被查到（如果政府單位眞的去查的話）。查到之後，第一步是帶去警察局或調查站去問。調查站本有一套方法叫人承認一切眞的假的說法，但也無用。因爲涉案人最後到了法院一定說這是別人寄賣的。寄賣的人是誰？一定是只有一個姓，或是一個武俠小說式的外號，如闊嘴、細漢之類。那麼錢如何交給他呢？一定是由他本人不定期的來取。至此線索中斷，我們的法院明鏡高懸，沒有具體證據不判刑，只好放了。

若是整個貨櫃的來，貨櫃拖車號碼被查到了，找到貨運行，結果也差不多。貨運行的司機一定是臨時雇的，他給誰運東西老闆也不清楚。臨時用的司機那裡去了？辭職了。住址呢？假的。一切線索又都斷了。若在其他國家，警局法院絕不會承認這一套說詞。你賣別人寄賣物品就有義務查明貨物來源、托賣人的身分（其中還有稅務問題），假如是贓物，你還要受刑罰，豈有一口諉爲不知之理。然而在我國，實務就是這樣的！是以私貨全無制止之方，到後來索性大家同流合污，都分潤一些，皆大歡喜。

我一生是行政官，不是新聞記者，我的記述非記者捕風捉影之談，深盼大權在手者體會此旨，早作矯正。

◉設立大貿易商

另一個例子是推動大貿易商的主張。

在民國六十年代初期，政府中人看到日本的大貿易商生意做得極大、極好，十分欣賞。偏巧韓國學日本設立大貿易商，也頗有衝力。於是開始有人主張在台灣推動大貿易商的想法。從表面上看，這種主張不算錯。日韓能辦，爲什麼我們不能？而且，我國中小企業發達，個別廠商爭衡世界的力量不足，若有大貿易商從中穿針引線，促成一致對外，豈不妙哉。

我自始對推動大貿易商無信心，也不積極。我的理由是，日本大貿易商是「長大」的，不是「設立」的。它們除了二、三家（如丸紅飯田）以外，全都是大製造業集團的推銷機構，以本身的大製造業為基礎，逐漸擴大規模到今天的樣子。同時，日本大貿易商控制或輔助出口廠家，全賴金融資助，除這一份金融資助之外，便是廣佈世界的工商業「眼線」，去發掘什麼東西在那裡有市場，然後在國內或他處建立製造或出口的能力。韓國的幾家大貿易商更是其集中的大企業的行銷部門，我國缺乏這些條件，沒有建立大貿易商的條件。

另外我國有一條稅法上致命的約束，即出口人必須是原來供貨人（即製造工廠）才能享受免稅利益。這一條規定使得出口貿易商努力爭取來的機會，完全暴露給製造工廠。貿易商也許花了三十萬元的差旅費，二十萬元的交際費，才調查、聯繫到這個進口人。他的投資全賴出口價與此地貿易商向製造商進貨的差價來補償。假如有一家貿易商在遙遠的加拿大找到一種青年滑雪裝的式樣與買主，他花了許多錢才得到這個機會。一套滑雪裝在我國工廠的買價如果是三十五美元，他售出的價格如果是五十美元，這差價便是他賺的。他如果在臺灣作買斷處理，將滑雪裝買來再自己賣給加拿大的進口商，當然不致於暴露祕密，但那樣做時，除了要先付出國內買賣的稅捐外，出口時還不能享受原料退稅等優惠，便根本失去了競爭力。這就非由原來製造商申請出口不可。製造商一看原來差價每套有十五美元之多，便會想我花了那麼大力氣去製造才賣三十五元，你不過經個手便賺我十五元，却忘記了若非那個貿易商到處去找機會，這筆交易根本不能成交。經過二、三次，交貨品質穩定，買主也有了信心，製造商便可能隨時寫封信去，說我的廠價只有三十五元，你却花五十元向出口商買，划不來；不如你出四十元，由我直接供貨。就這樣，貿易商碰得鼻青臉腫才找到的出口機會，就此斷送。

在這種法規之下，貿易商那裡有成長、壯大的機會，大貿易商的出現當然不可能了。我當時說，世界貿易最盛的德國、世界貿易量最大的美國、世界貿易經驗最豐富的英國，都沒有大貿易商，足見大貿易商並非絕對的必要。不過，既然有那麼多人主張要有大貿易商，試試亦無害。

臺灣雖無大貿易商成長的環境，但臺灣小貿易商數目之多，活躍範圍之廣，在全世界實屬罕見。勉強可以與臺灣相比的，我想只有內戰前的黎巴嫩。當時黎巴嫩商人活躍北非、中東，並深入黑非洲和南北美，也是小貿易商形式，不過人數、活動範圍比臺灣差得多了。

這一批爲數三萬至五萬的臺灣小貿易商，雲遊四海，外語不靈，外文更不會，憑著一股衝勁，那裡有一點點機緣可碰，便胼手胝足地全力投入。當年到巴西賣床單的，便是顯例。那些人可說完全不通葡文，揹著床單一家家地敲門去賣，遇到不講理的主婦，一頓罵是免不了的。

◉小貿商單打獨鬥

我曾往訪尼加拉瓜，見過當時的總統蘇慕沙。在首都馬納瓜附近有個小湖，就叫馬納瓜湖，湖中有種很特別的淡水鯊魚。我喜歡蒐集煙灰缸，在馬納瓜湖上有一家簡陋的茶館，可遊覽湖光，我在那裡的紀念品店內買了一只畫著那種鯊魚的煙灰缸，反過來一看，原來是臺灣做的。這一只煙灰缸背後一定藏著一個故事：有一個勇敢的小貿易商，單槍匹馬來到這天涯海角之地，登上這小湖，發現這裡有這種鯊魚，便回臺灣製了幾百個，再到這裡兜售。爲了這麼一樁小生意，他跋涉萬里，和絕無一點淵源的人們打交道，他所付出的努力眞叫人佩服。這些小貿易商眞是可憐，他們努力幾個月，做成一樁小生意，若是生意漸漸大了，不是這種單打獨鬥式的方式可以應付時，這個生意就會被大工廠或大商家接收了去。所以，這些小貿易商雖然爲臺灣出口開創了廣闊的天地，自己却被淘汰了。今天，臺灣沒有一家大公司或較大的貿易集團是由小貿易商成長起來的。

小貿易商受人詬病的地方，除了信用不夠好、品質控制不良、交貨不準時以外，還有冒充、詐騙和做完這一票就倒店的心理。臺灣一度腳踏車出口極旺，但數量與品質不符的毛病多得不得了，曾成爲國際間交相指摘的事。我在那一段時期中曾去巴黎一趟，有人打電話給我，說你是不是臺灣政府負責貿易的人？我說是，他說我要來看你。他來時帶了一個紙箱來，原來是一輛腳踏車，但却只有一只輪子是好的，另一只是扭曲的。他說這就是你們叫腳踏車的東西嗎？我今後再也不要買臺灣任何東西了，然後怒氣沖沖而去。我回國後，仍然反對「計畫出口」，我說火燼裡出重生的鳳凰，如果我們有足夠的競爭力，經過這一場教訓，買的人會小心，賣的人也不可能再取巧了，我至今仍相信我的判斷是對的。

另有一件糾紛，性質就不同了：它與小貿易商無關，卻與我們的小機械工廠有關。

◉盜用商標圖一時之利

我國的小型機器廠仿製技巧之精良，往往出乎我們的意料。今天還在吵著的假錶問題就是例子。我們的工廠把假錶做得如此精巧，如此亂眞，又如此便宜，若工業當局能輔導這些能力高強的小廠聯合製造精美合法的產品，成績必大有可觀。

某一年我去紐約，CROSS金筆公司的人來看我，他拿著兩支筆，說這枝是眞的，另一枝是你們臺灣仿造的，他們並已查出了那家仿造的廠名。我看了之後，問他們，仿造的與眞的有何不同？他說，老實說，連我們都不大分得出。然後，他說，你們有製造這麼漂亮東西的能力，爲什麼不自己去創立品牌，要來盜用我們的商標，偷我們的廣告投資呢？我當時也無法解釋。

這件事，使我對盜用商標產生極大厭惡。但我對違反專利的看法就非如此。我離開公職後，曾以「過來人談專利商標」爲題，發表一篇文章。

談專利商標，我的看法是：我國不知從什麼時候得到專利是科學進步的福音的奇怪想法。這一點表現於法制上，則是對侵犯專利的行爲處三年以下有期徒刑，得科或併科三千元的罰金，連販賣、陳列、輸入這些商品的，也要處一年以下有期徒刑，這種刑度，在本國法上與行使假鈔、假印花稅票、假郵票相當而猶有過之，因爲陳列、販賣、輸入這些假的國家票券都無刑法專條科以刑責。

若與外國法例相比時，則首創專利法的英國，不設刑責，美國也是一樣。日德兩國雖也有輕微的刑責規定，但因其成立要件包含「明知」與「惡意」，實務上不易證明，判刑極其稀少。同時我國保護專利實務上範圍甚寬，沾一點邊就要受罰。

◉保護專利範圍過寬

保護專利過強，結果是壟斷技術、阻絕競爭，並非公平。因爲任何人間的新發明都不是發明人一個人的思維與鑽研的成果，而必然是承自前人的研究與啓發才能完成的。現代專利法把巨大的獎品給予最後綜合前人鑽研成果加以系統化與實用化的設計，同時禁止了別人的類似（可能是更好的）研究行爲，這乃是人類功利主義的表現，是實務上的權宜，不可視爲神聖。這有如救火，一長列人排成一隊，自井邊遞水到火場，一人傳一人，最後一個人把水澆到火上，論功行賞，只獎勵那最後一人，豈得謂之公平？

我又曾以原子彈爲例，說明現代專利制度不公平的狀況。我認爲，假如原子彈可以專利，誰能獲得？是首創相對論學說的愛因斯坦嗎？不行，因爲愛因斯坦不能提供設計圖說；是義大利的佛米、美國的泰勒、歐本海默嗎？都不是，因爲他們有愛因斯坦同樣的困難。或許一小組低層次的曼哈坦計畫中的設計人員能夠有資格申請，他們才能提供出圖說。當然，在我國，就是這一小組人也不行。因爲我們專利法規定這個發明必須「實用」，且須達「工業上實施之階段」。這條規定使得沒有工廠的人難以證明其「實用」，且可「實施」；而已達此階段之人若專利已爲他人捷足先得，豈非投資全付東流？

我國專利法實務的另一困擾是保護範圍過寬，使得專利成爲一種極具商業價值的東西，且公平性可疑。例如公寓房屋的遙控開門鎖，在我國公寓房屋中是必需品，有廣大市場，據說是專利的，但它在台北出現前許久，我早已在外國見過這個東西了。

過分重視專利，已使專利具有商業實體價值，造成政府自己的困擾。對於若干顯然不符科學原理的專利申請若予核准，將來的受害人會責備政府說，他們是相信了政府的專利才發生損失的；若不予核准，則那個申請人會喋喋不休的嘵嘵不已。例如曾有人說能從砂石中製造合成燃料，這當然是騙局，審查人員不准，和申請人吵個不休。若干國家對專利採取申請登記辦法就比較方便。

◉專利強勢將壟斷技術

往法律上看，現代的專利法，發源於英國在一六二四年建立的「專賣法」（*Statute of Monopolies*）。此法的立法背景乃是當時有企業家利用權勢取得對它們產品的專賣權。一六二四年專賣法就是規定於本法施行後，原來所有的專賣權一律無效。所以，它是以限制專利範圍的意旨開始，卻演變爲今天的樣子，且現代先進國家專利法都建立在兩根支柱之上，一是以商業利益作獎品而鼓勵發明；一是限制獎勵的規模，不使其大到足以壟斷技術，妨害進步。將專利法單獨建立在一根支柱上是有害的。也就是說，過份著重專利之鼓舞發明的效果，而忽視其阻撓技術發展，和使專利權人安於保護，怠於繼續改進的效果是不健康的態度。

可是專利的好處明白可見，其壟斷技術，阻絕競爭的壞處卻不明顯；保護愈強，則壟斷技術之害愈大，使技術因競爭而不斷進步的動機愈受傷害。

至於商標，我個人是感觸良深。全世界的商標都是花草、樹木、動物、幾何圖形，變化何止億萬，何必要去做一個與別人已經投資多年、建立了知名度的商標相近似的設計。但近似問題在商標問題上全世界都爲之煩擾，足見人們射利之心無法禁止。以我國而論，有一家極具聲名的家電商標是否可被疑爲與日本大家電公司的商標近似，一汽車生產廠商的商標是否可被疑爲與德國的某一極著名的汽車商標近似等，都是值得討論的問題。但那家日本大家電廠和德國那家大汽車廠太出名了，別人的商標與它近似與否完全對它沒有威脅，不成爲爭論。其他的產品商標近似的爭論太多了，而且根本無法建立起一種客觀標準來。例如有人以三只羊頭爲圖形，作爲商標，他人有以兩只很像的羊頭圖形申請登記的，有看起來很像的三只鹿頭申請登記的，有人索性畫三隻半截的羊申請登記。那一個核准，那一個不能准，或全都可准，全都不可准，會有許多不同意見，這個煩惱是很難解決的。

12 保護農業與配額之爭

一九七〇年代開始，貿易局的工作重心逐漸轉爲維護出口。維護出口的方式很多，促成產銷合作、業者對價格與數量的自律、政府管制、與外國訂立雙邊協議等等。但在我國的社會紀律敗壞之下，除與外國訂立雙邊協議勉強有其實用價值外，其餘都是弊竇叢生。誰想去整理，一定碰釘子。

以產銷合作而論，農產品很多是這麼辦的。實際情況呢？以香蕉爲例，香蕉出口弊端出在船運、出在議價等等方面。當時日本對臺蕉採AIQ通關制度，即自動配額制。將進口量與議價大權授予給日本香蕉進口組合。對其他地區（如中美蕉）則採自由輸入制。這當然是對我國的不公平，但亦間接促成了我國出口商的聯合報價與供貨。證以後來中美洲蕉及菲律賓蕉在自由進口下，殺價出售的狀況，這個AIQ制度對我國香蕉出口並非全是負數。

每年中日業者開會討論價格、數量與供貨條件時，各有一代表團，我國有一母子檔。母親是有名女強人，日治時期曾獨力向日本軍方獻飛機二架，光復後仍然活躍在商界。她的兒子入了日本籍，開香蕉會談時，母親在我們這邊，兒子在那邊，這種資訊交流下，我們焉能不吃虧？

◉足食足兵之議可休矣

多年來農業政策與貿易政策的爭執不休。貿易局主張開放進口，與農業行政主管方面意見不一。我一貫的信念是，臺灣已經步入工業化，人多地少，農業生產成本日高，自給率日低。勉強維護本國農業生產，結果必須政府補貼或以管制提高市價，由消費者補貼。前者，政府財政有時而窮；後者則因臺灣紀律不嚴，管制不一定有效，提高市價目的未必彰顯。而且價格提高後，國內眾議紛紜，反對聲音也未必能壓得住。

尤其令人反感的是，有些人把足食足兵觀念引入農業管制的辯論。他們說，本國若不能生產足夠的糧食，打起仗來怎麼辦？這種說法直接訴諸當時層峰的信念，令人不能辯論。

其實，足食足兵乃是古代想法。古代軍人只要有乾糧就能打仗，戚繼光的義烏兵吃光餅就能抵抗倭寇，社會有了基本食物也就可安定，但這種經濟環境早已一去不復返，台灣雖具有生產遠超過省人需要的稻米的能力，但「食」在今天，包括蛋白類、奶類、麵類等等，都要靠進口。大家把省產的豬肉、蛋、雞想像成「國產」的，其實臺灣近一千萬頭豬全部都是吃主要由美國進口的玉米、大麥、黃豆長大的。我們每天一早起來吃燒餅、油條，那些麵粉、黃豆油全是進口加工的；中午晚上吃肉、蛋，也是進口加工的；小孩吃的奶粉、乳酪，大人吃的西點，其中除了糖以外，全是進口的。而甘蔗栽培非化肥不行，化肥製造非電不行。電，除了規模不大的水電廠以外，無論燃料油、天然氣、煤或核能都得進口。沒有一樣東西臺灣可以自給。坦白的說，臺灣的經濟根本不能適應「戰爭」。

我舉出這些例子只想說明一件事：臺灣的經濟生活已如此深遠地與國際市場拴連在一起，無可能對農業採取絕對保護的政策。除了對主要農產品，如米和蔗糖，非保護就不能維護農村就業以外，其他的農產品非適當注意國際競爭力不可。沒有國際競爭力的產品超過了內銷需要終難發展。

我相信，臺灣農業政策的基本要求應該是如何讓農民的收入能夠與非農業人口的收入同比例，或以相近的比例成長，以免落後太多。想達到此一目標並不容易。農業生產依賴土地，不可能依賴不斷增加產量來趕上非農業人口收入的增加。而且市場有限，產品既無國際競爭力，則必須靠本地的市場支持。本地市場不大，生產稍多，立即有滯銷危機；而在農業行政上處理過豐的困難，有時還大於歉收。有一年，臺灣芒果生產過剩，農會曾經去收購廢棄若干噸，才止住價格跌勢。

前不久，毛豬生產過剩，曾有過農家把活豬縱放，任其自生自滅的報導。日前菠菜下跌到每公斤不到兩元，農民只好把菠菜棄置河邊，讓政府去清除。

既然難以不斷增加生產來增加農民收益，使價格不斷上升便成爲一個容易想起的解決方式。尤其是日本在一九六〇與七〇年代，每年由國家收購提高米價，以提昇稻農收益，更給我們這裡的人以鼓舞。他們却忽略了一個事實：第一，日本經濟活動量很大，單獨補貼米價差額，政府財政上頗有餘力；第二，日本消費者支出中，米價所佔比例不高，平均每人每年消費米量又在迅速降低中，消費者可以忍受較高米價；第三，日本的農業人口降低很快，這對於提高農業人口的平均收入有很大幫助。而我國則因土地法令限制，農民與農地鎖在一起，除非大幅改變土地法令，不易利用降低農業人口來提高農民收益，條件與日本大有不同。我們採行了國家收購農民生產的一部分稻穀，負擔收購價與市價差額的損失，不像日本逐年提高米價，以減輕國家財政負擔的政策，但負擔仍然太重了，於是減產稻米政策才逐漸被接受。但臺灣農業始終不曾確立以改革土地法令減少農村人口，和鼓勵小面積精耕細作的政策。前者囿於土地改革的成功，不願意改訂土地政策以防止農地流失與兼併之風再起；後者則雖有「精緻農業」的號召，但不能認識要發展精耕細作的高級作物，必須有強力的保護與產量限制方能維護國內的高價格。在這一點上不但要給進口自由化加予限制，同時要能抵抗特權者的進口要求，並禁止走私才能辦到。這兩點，對行政官員而言，都是很嚴苛的考驗。

◉特權干預進口

我在主持貿易業務時，十分支持管制花生與瓜子的進口。因為在雲林臺西一帶地方，土地貧瘠，適宜的作物只有花生。花生已不再是主要食用油的原料，它和瓜子一樣，已變成一種零食，可有可無，貴賤無礙人民生活。如果政策確定，不管如何責難都不開放的話，是有正面意義的。

瓜子也是一樣。在我主持貿易期間，投機者要求以「種籽」名義進口瓜子，我要求「種籽」進口須由農務機關證明其數量合理。某次有人要求進口十噸「西瓜種籽」，上面赫然有證明章。國貿局乃詢問農務單位，十噸瓜籽可種多少面積？結果沒有回音，不了了之。有同仁告訴我，這樣是沒有用的，因為瓜子一定買好，非來不可；你不許，他自有其他途徑進來，此言在今天尤見其真實。

回溯當年農業主管方面真正的興趣是「計畫產銷」。鳳梨、洋菇、蘆筍是計畫產銷的三大項目。

計畫產銷利弊互見。利在減少國內生產者向外互相殺價競爭，減少國家輸出利益。所有的「計畫產銷」的中心思想都是在建立一套配額，廠家有配額才能出口。沒有配額的廠家註定是死路一條，不能生存。

◉配額控管弊竇叢生

在當時，行政紀律與社會風氣不如今日之壞。假配額當然不免，但不成氣候，為量不多，所以配額制度大致上可以維持十來年而無大病。若在今天，什麼東西都可以假，罐頭出口配額不像美國紡織品配額管理得那麼嚴密。美國紡織品配額僅是中美兩國間的事，海關賬目核對十分方便，還是弊竇叢生。罐頭是我們與全世界做生意，如何對賬？連輸美紡織品的假配額都管不住，罐頭的假配額若在今日，豈不氾濫成災。

配額的毛病當然也不少。假配額之外，還有新廠無配額，生產地區與配額不配合，好廠不能出頭，壞廠可以不必生產，只靠出讓配額賺錢，以及品質難於控制等等弊端。

在配額制度下，新設工廠當然分不到配額。表面上看，這是不公平的。但這一步若是一讓，任何人都可以設新廠來要求分配額或新增配額，這個配額制度便不能生存。生產地區與工廠設置地點原是一致的，但生產條件、技術都會變；原來老生產地區會退步，新的地區會出現、會擴充。漸漸的，生產地區的實況與工廠設置狀況就不相合了。若無計畫產銷時，工廠會移往適宜的地方去，有了計畫產銷，廠與生產地區鎖在一起，不能動了。於是就有些工廠在適宜生產地區製造，賣給有配額的廠，或是直接以老廠名義報驗出口。當時民意代表不如今日之兇猛，也有人不斷吵鬧，不成大問題。若在今日，在省議會、立法院中大聲一問，你知不知道有配額的地方沒有生產，有生產地方却沒有配額？官員還眞是無詞以對。但是，這一步也不能讓，若讓一步准許適宜生產的地方可以建新廠，配額制度也就解體了。品質的控制，更是明顯的騙局。照檢驗局的紀錄，洋菇的報驗不合格率達到三％，出口四百萬箱時，約有十三萬箱的不合格品。理論上，它們若非毀棄，即已銷納於本地市場。但本地市場容納量連十萬箱都不到，還有許多小廠專做內銷的，毀棄更談不到。那麼，這些不合格品那裡去了？這個問題外行人不懂得問，內行人不敢問，就這麼拖到這個出口生意自然衰落爲止。

我對計畫產銷的立場是，它在當時是値得推行的制度。因爲若無計畫產銷，出口會更多，價格會被外國進口商殺得一塌糊塗，廠家會無利可圖，國家收益減少。有此制度，當然會令廠家賺錢，農民最終亦可分潤，國家收益增多。對廠家的利益可以楚弓楚得來看待，殊不必嫉惡如仇。而出口暢旺的後果也將有正反兩面影響，正面影響是壓低了國際市價，使新的競爭者不易出現，反面的則是更快、更兇地引發進口國家的反彈，使限制進口措施提前出現，或出現得更嚴格。不過，不久之後，當國際市場上競爭者一一出現，而國內配額的紀律問題又非政府能力所能遏止時，我曾想到，此時廢除配額或可延長我們的輸出時間，並掃除積弊，但此非我力之所能及。我曾與我十分尊敬的農業專家李秀博士談到這一點。他是穩健的人，當然更不能同意我的廢除配額那麼激烈的主張。其實，我也是說說而已，不敢做的。

◉農產貿易受制度、風習限制

當鳳梨業開始衰落時，我曾召集業者開會，說到鳳梨罐頭出口業的危機，我說，此時大家該想一想，如何有秩序地撤退，而不要在被打得無還手之力時落荒而走。當時謝老（成源先生）仍在，他頗有把握地說：「局長，你免驚，日本人保證一年買我七十萬箱。」謝老的話當然落空了，我左思右想，也沒想出什麼有秩序撤退的好法子來。農產品貿易受制於資源條件、社會積久難改的制度與風習，眞的不易處理。罐頭洋菇、鳳梨、蘆荀的貿易，計畫產銷利弊存廢如此之難於抉擇，固是一例，當時植桑養蠶的主張則是另一個代表。

臺灣的天氣十分適宜桑樹生長，我很奇怪爲什麼先民移墾臺灣的三百年中，不曾發現在臺灣種桑養蠶之有利。或許來的人都是閩粵人，江浙的移民太少之故。

臺灣種桑幾乎一插就活，第二年，甚至當年，就可採葉，年採十次八次不稀奇。蠶兒生長也快，養蠶歷史不長，病害不多。絲的品質非極佳，但不太壞，假以時日，自可改良。

有這麼好的條件，主張養蠶的人就多了。

但大家都不去想那麼多的絲要賣給誰？國際上眞絲的銷路十分小。我曾經說，經營國際貿易一定要懂得一個道理，就是各種吃的、玩的、用的東西，若是白種人不太買，這生意就不會大。近年日本興起，也有一、二樣東西白種人不太買，靠日本人也有一個小型市場，像鰻魚和蠶絲。

世界絲織品市場大致區分爲三個，即軟緞、錦緞、印花綢。軟緞銷行西歐，爲仕女禮服之用，價格高、市場極小，我們仍無生產能力。錦緞銷日本，是和服的材料，技術要求也高，我們和大陸生產的只能做做椅墊、中式服裝，不能打進和服市場。只有印花綢可有銷路，但日本早有一套進口限額，把全世界的絲織品依當時實績分爲兩個，一是大陸的和韓國的固定配額。另一個三〇%的市場留給全世界小的和新的生產者去競爭。我們和泰國、巴西等都在這個自由配額裡競爭，而我們的競爭力不如巴西。在這種情況下，養蠶還有什麼意思？可是人們的熱心持久不褪，都記得蠶桑在中國文化中的輝煌地位。這種浪漫情懷很可愛，但無裨於實際業務的運作。以台灣的技術和成本而言，蠶桑在世界市場上實無競爭力。

◉農工與經貿意見扞格

但是，農工業部門與國貿局意見不同的情況仍然常見。舉例而言，當我國白蘆荀罐頭席捲全世界市場，出口增加極快，不肖廠商運出不合格例子非常多，包括罐頭裡出現蟑螂和根本不是蘆荀的東西，引起許多責難。到後來，綠蘆荀罐頭開始出口，農業部門鑑於這些不良紀錄，便要求嚴格管制，由農復會選定地方、農戶、指定品種並傳授生產技術，然後才准出口，自由生產者不准出口。從一開始，我便激烈反對此辦法，我認爲，經濟活動像兩塊板，用一個釘子讓它們連在一起時，還可自由活動，再多加釘子，它們便僵死了。農方人員不愛聽這些話，結果照他們辦法做了，前後六、七年，每年均定一綠蘆荀罐頭出口計畫，但其出口量極小，箱箱是好貨，而我國卻失去了攻佔綠蘆荀罐頭的商機。後來每年討論綠蘆荀罐頭產銷計畫時，農方人員常常說：讓我們再試一年看看吧！反正那時商機業已過去，試不試均已無所謂了。

臺灣的農務技術人員非常優秀且負責努力，他們有好的教育、好的學位，仍然親手從事農務改良，令人感動，他們是台灣經濟進步的眞正動力之一。各養豬場都在做人工授精工作，向公豬取精液就是一件令人噁心的工作，但許多技術人員，包括男女學士、碩士都肯親手去做。在恆春，有個畜牧改良場，兩位澳洲留學生夫婦在那裡默默地做肉牛的改良育種工作，沒有休閒時間，也沒有假期，精神眞了不起。東港的廖博士在蝦的育種方面的貢獻更是舉世皆知的了。

臺灣的農業政策在未來十年內勢必有一番更張。「農爲邦本」的想法在兩位蔣總統之後已逐漸淡薄，臺灣終必賴工業和服務業維繫繁榮與繼續進步。但臺灣不像新加坡與香港可以完全不理會農業，新的政策方向如何，我不能預測，但土地政策的改革工作是其中重要一環則是確定不可疑的。

◉圖利國庫？

我管理貿易十年，感謝我的長官李國鼎先生及孫運璿先生授我以全權。我更感謝蔣經國先生，若沒有他的全力支持，我也無法應付那些如狼似虎的民代們，及整天想分取一杯羹的人。記得有一次，當我們爲了統一管理雜糧時，有人違規運來一整船雜糧，若是准許進口，這個大家遵守的配額制度就要破壞，而單獨進口的人自有大利。一位已故監委「接受」了進口人的控訴，找我去談話，還煞有介事地作了筆錄。然後，約我到另一間小房間內，面色緩和地說，你若肯幫這次忙，那個人必有一報，否則，你一定有麻煩。我說，抱歉，我實在不能答應。他一怒之下說，好，讓我們走著瞧。然後，此人就對我提出調查案，但奇怪的是，他終因湊不到足夠的人數開審查會，不了了之。這件事令我想起我早年居然曾以「圖利國庫」名義受到監察院的控訴。

那件事是這樣的：當我任煤調會總經理時，有一筆基金被當時的管理人員挪用了。我查實證據，予以揭發。煤調會主任委員牽涉在內，他是情治單位老牌重鎮、曾任國民黨祕書長唐迺建先生的友人。當時各機關進口外國物料時，必須向市面上購買結匯證，而結匯證的市價已比臺銀公告價格爲低。煤調會每年必須代礦場買機械，當時的會計主任熱心於向市上買結匯證，而以差價歸入員工福利金。我就決定只能向臺糖或鳳梨公司買，以免價格有爭議。買定之後，經辦人呈報因結匯證市價較臺銀公告價低，每美元可有數元差價收益。我已提筆欲批交福利委員會，電話及時響起，原來我的老長官楊家瑜要我去一趟，我放下筆來匆忙而去。晚間，一位同仁曾任煤調會財務處長的周維明兄來到我家，力陳不可如此。我說現在大家籌措福利金都這麼辦，有何不可。他說，別人已經做好圈套，只要你一批，就得負不法圖利自己與他人之責。

第二天一早，我去辦公室把那件公事批了，差價入公賬，以為從此無事。但不久之後，監察院仍然對我提出了彈劾並送法院。理由是「圖利公庫」！這大概是臺灣四十多年來惟一的一件奇怪官司。列名彈劾案中的，有負天下重望的陶百川先生，所以我對陶先生敬意不高。

此案到達地院檢察處後，我再一打聽，原來對方已經設計好要將我起訴，第一審判刑，等我去上訴再說。幸虧承辦檢察官不阿附權貴，在訊問時問：「你為何圖利公庫？」我說：「我身為公營事業主持人，工作就是圖利公庫。」他一笑。一星期內，我就收到了不起訴公文。事後當我得知一些對手的佈置時，不禁冷汗直流。這個社會之黑暗，是非倒置如此，怎能不令人痛哭流涕。

對照那一次我「圖利公庫」的莫須有之「罪名」，這一次若非有大力者無言地支持，更難逃過。這是我畢生感念　經國先生之處。

◉後進輩出

管理貿易十幾年，我飄然去位，這十年中貿易發展快速，但却不是我的功勞，是臺灣經建扎根的工作已經初步完成，我國又適巧搭上了我在前面提到的，開發中國家數百年一見的向已開發國家大量輸出的特別列車；我只是不曾在管理方式上犯了大錯而已。

我從事貿易工作最大的安慰，乃是看見幾位後進的貿易工作中人之脫穎而出，爲國家棟樑。從民國四十九年我在稽核組訓練一批新人開始，後來參加國貿局，一齊工作的人，有今天經濟部長蕭萬長、駐美商務代表潘家聲、經濟部次長江丙坤、駐日商務代表張錦麟、駐大阪商務代表江鵬達，和幾位駐在較小國家的商務代表。這幾位傑出的工作人員在與我一同工作時所表現的眞誠、公正與熱心，令我感念。他們都視我如兄，不單純是公務上的交往。其中萬長兄曾有人以極好的條件想拉他去民間機構工作，我和他的朋友說，萬長是要給這個國家做更大貢獻的，你不要拉他。我沒有看錯。

我離開公職時，陳履安部長曾對我說，經濟部內不少人才是你培育出來的。我不敢受此謬賞，但我與這些同仁相處得如兄若弟，則是我一生最引以爲幸的事。

13 中美斷交最後談判

民國六十七年十二月，美國宣佈承認中共並斷絕和臺北的外交關係。十六日，清晨二時，安克志大使至蔣總統官邸傳達美國將與中共建交消息。孫運璿院長、外交部長沈昌煥在場。蔣總統非常鎮定，只聲明絕不與中共談判。

三時左右，安克志辭出。蔣總統召集特別會議，黨政等高級人員全到。六時，經濟部長張光世在行政院院長室召集我與證管會主委余先達參加。此時院長在中央黨部召開臨時中常會。在院長室等待時，臺北市長李登輝、僑委會主委毛松年也來了，却還不知發生何事。

九時半，外交部次長丁懋時發表聲明中美斷交。

十時，美軍電台廣播卡特總統聲明，當中有一句話說：與中共關係正常化，不會危及臺灣人民之福祉。

十一時半，院長回院，召開臨時院會，要我回經濟部，分電駐外人員保持安靜，下午至各市場巡視。當天黃金美鈔無市，股票大跌。

經濟部發表聲明，繼續維護開放的經濟政策。中美外貿關係不變，繼續歡迎美國投資。

十二月十八日，星期一。一早接到國貿局副局長蕭萬長自美來電。美方希望我儘早去華府，在年前斷交以前談妥延長雙方原有協議，暨雙邊纖維協定與彩色電視機貿易協定，作爲兩國政府間的最後一個協定。

正在安排機位時，十八日夜，張光世部長電話告知，要我先趕赴華府先行主持談判。談完後要我儘速返回臺北，參加臺北部分的中美經貿談判。二十日上午成行，美東時間同日下午五時半抵達紐約。次日清晨趕赴華府，談判四天，結束MTN雙邊會談。這協定主旨，是繼續維護我國在美最惠國地位。談判細節由蕭萬長兄主持。準備工作十分完備，所以進行順利。

二十三日夜，約稿文字雙方校對完成，我先簽字，再送給當時正在休士頓的白宮特別談判專使史特勞斯簽字，準備二十四日雙方政府同時宣佈。

◉美方威脅單方管制彩視

另一談判，是關於彩色電視的，美國剛開始限制彩視進口。第一次談雙方談不攏。美方威脅將採取單方面行動，宣佈單方面管制。我說話很沈痛。我說：「你們在此時若採單方面行動，限制我方進口，觀感上，是要多加一鏟土，將我們埋葬。」說完就散會，決心不再談判，時為二十三日。美方代表*Steve Lande*約我次日，即二十四日吃早餐。

二十四日為聖誕夜，我們繼續在早餐桌上談。到我要趕搭飛機回國非離開不可的前三分鐘，*Lande*才同意照我方數字，以五個月為限，限裝二十七萬台。

二十三日夜，國務院助理國務卿*Harvey Feldman*宴。談及臺灣與中共時認為，臺灣不會被中共吞併。在他看來，吞併臺灣對中共是一長期負債。他對臺灣政經人物與親日之工商大亨批評得十分尖刻，言詞之間，他老早就知道中美斷交這回事。

中美會談結果必須要趕在兩國仍有邦交時簽字，斷交日為一月一日，而這一時間為十二月二十九日。因三十日為週六，三十一日為週日。簽完字，兩國政府於二十九日發表共同聲明。我們MTN的會議必須趕在這時間以前結束。

中美雙邊談判簽署，雙方都知道時間緊迫，談判集中於兩個問題。一是應否發表共同聲明？何時發佈？二是以何種方式？由何人簽署文件？討論結果是，由中美兩國同日同時發表共同聲明，由我和白宮談判特使*Robert S. Strauss*簽署。但因*Strauss*此刻在休士頓，必須等到二十九日返華府簽字，雙方向自己政府建議，華府時間二十九日上午十一時，兩國同時在華府及臺北分別發表共同聲明。這時間眞緊湊極了，因美東時間上午十一時爲臺北卅日子夜零時。過了這時候，理論上兩國便斷交了。

◉一手經辦最初與最後協定

這協定是中美兩國政府間最後的協定。我從事中美經貿談判十餘年，兩國間最後一經貿協定，亦在我手中簽署，感慨良多，*Strauss*簽署後派人將簽字筆帶給我爲留念，十多年來，收到不知多少支簽字筆，只有這支我愼重保存，直至今日。

二十六日返抵國門。下午六時到達松山機場，七時在外交部開會，爲二十八、二十九日中美會談作準備。參加人有團長蔣彥士（外交部長）、宋長志（參謀總長）、我（代表經濟部）、朱登皐（交通部次長）、蔡維屛（前外交部次長）、宋楚瑜（新聞局長）、王孟顯（北美司長）、魏鏞（研考會主委）、章孝嚴。會中確定談判全部由外交部次長錢復發言，並決定會談主要目標，是要美方承認我方之主權地位，別的一概不談。

二十七日晚，美方代表團以*Warren Christopher*為團長到達臺北。臺灣有示威場面對應。

二十八日上午九時，到圓山飯店十二樓會場。美方未到，據說因對前晚示威表示不滿，卡特總統指示要等至十一時，美方與蔣總統當面談過後再決定是撤退回美，還是繼續開會。

十一時，在圓山得到通知，下午三時開會。開會氣氛還眞平靜，內容未便記述。總之，當時未獲任何結論地散會，從此未在臺北開會。就這樣雙方僵持，一直至一月中旬，得到協議。

這一次處理中美斷交，蔣經國先生的政治智慧和堅韌的毅力，十分令人欽佩。他完全沒有情緒上的浮動，有條不紊地處理這麼一個極易被野心家所利用、造成國內政治動亂的變故，讓當時的臺北市市塵不驚，對美方態度也不卑不亢，才有今日臺灣安定之局。今天回想這段往事，我還是對蔣總統心儀不已。

從此以後，我們與美國關係變成「非官方」的。斷交以後，第一次中美政府間經貿談判是在五月間，內容爲美方要限制我國鞋、彩視進口，延談紡品配額談判，並對中美經貿關係作一般性檢討。我的對手是白宮特別談判使署大使銜談代表*Mike Smith*。談判地點分爲兩處，一處爲國務院的一間會議室，另一處則爲特別談判使署辦公室七三〇室會議室。

這一次談判時雙方禮儀奇怪極了。他們稱我們爲「臺灣來的代表團」（*Delegation from Taiwan*），絕對不用「政府」（*Government*）一詞，非說不可時使用「貴方」（*Your side*）」、「臺灣方面（*Taiwan side*）」、「臺灣當局（*Taiwan authority*）」等字來代替。第一天開會時，他們用*Taiwanese*一詞，我提出意見，說根據你們國務院指令，*Taiwanese*應避免使用。美方代表團國務院代表*Mr.Lunde*立刻表示贊同。從此各式各樣的名稱「*People on Taiwan*」「*People in Taiwan*」「*People of Taiwan*」亂七八糟地用上了。最後則統一爲「*People on Taiwan*」，直至今日。

會談歡迎和道別等禮貌和從前一樣，唯一表示「民間」關係，是談完之後，雙方首席代表却不在會談記錄上草簽（*initial*），只將記錄核對後由國務院交給AIT轉送北美協調會CCNAA，由這兩個「民間」團體簽字。這是中美間經貿談判民間化以後唯一的分別。

◉「官方」「民間」表面文章

後來每一次經貿談判，美方都在同一時期內分與我方與中共談。每一次與我方談時，美方常常先對我方說明與中共談判情形，當然他們與中共談判時亦會把與我方談判情形告知的。我問他們對中共的觀感，他們說，中共談判經驗與技術比你們差多了，但是保密工夫到家。他們說談判對手爲一姓韓的女性，美方人員說他們無法得知她的學、經歷。只是在一次美方團員在大家離座時，替她披上外套時，發現外套十分輕軟是最好的Cash-merc羊毛製品。他們又說與中共人員交往，談個人經歷是一項禁忌，沒人願意與你談。

一般而言，斷交對中美經貿關係實質影響不大。所謂「官方協定」改爲「民間協定」只是如我在上面形容的表面文章而已。但在以後的幾年中，官方人員與我方來往，顯然是逐漸減少了。

14 「忘記」前進的大陸經貿

從民國三十八年開始到七十年代後半，臺灣處於對大陸資訊的「文盲」時期。早期注意大陸資訊者都被視爲「匪諜」，所幸那一段時間已成過去。我在這段時期中，因公務關係，不停旅行世界各地，看到許多中共的商展與香港的商店，並不時收集到廣州交易會的資料。從那些商展、交易會與商店的貨物中，領悟到中共一般工業的大致狀況。到民國六十年，我又在向蔣經國先生當面報備後，在國際貿易局內成立一個特別單位，收集大陸經貿資訊與樣品。

首次親身觀察到許多的中共商品是一九六四年四月。是時中共在東京舉行展覽會，我去參觀。

展覽品引人注意的有：

上海、武漢、昆明出品的鉋床、鑽床、立式萬能車床等，當年我在昆明讀書時，昆明連一顆洋釘都不能做。

紅旗牌轎車，二二〇匹馬力，七人座，最高速一六〇公里，此時我國的裕隆拼裝車剛剛問世。

解放牌卡車，載貨五噸，最高時速七十公里，是一種在不良路面上行駛的低速車。

石英分光照相機，附件齊全。還有全仿德國羅萊雙眼相機，鏡頭光圈二．八，速度三百分之一秒，相信快門系統是進口拼裝的。此機型後來不大常見，爲摺疊式的海鷗牌、上海牌等取代，外表加工極粗糙。

手錶、機械錶，相信發條、減速器等零件是進口的。

曳引機，江西的二七馬力豐收牌，洛陽二八馬力的紅旗牌，天津四〇馬力的鐵牛牌，洛陽五四馬力的紅旗牌都有陳列。此時，我國正開始裝配野馬牌的小型曳引機。

發電設備，有裝於三萬六千瓦發電機上，合金製的渦輪葉片，和六萬四千瓦電機上的轉動部分。

我之不厭其詳的敍述這些展覽品，原因是此後二十年，中共展出商品技術能力升級有限，大致還是前面的範圍。在一九八〇年代初，中共在香港推出北京一三〇、一三一吉普車和黃河牌卡車，技術規範都與一九六四年展覽的東西相近，而且，他們完全不了解，用於大陸那種惡劣路面的低速車輛，在國際市場全無銷路，而大力生產曳引車的結果，是工業與服務業尚未發展到需要新的人力的地步，卻先以農業機械化釋出大量勞力，使農村人力更剩餘。他們這些土包子當政的結果是如此令人沮喪！

◉早年大陸技術鑽研有成

不過，在六四年時，我以在大陸生長的人看去，大陸成就不可謂不大。當時，這些東西的技術水平都在臺灣之上。當時我就想，或許中共會和中國任何新的朝代一樣，會有一個「開國盛世」。果能如此，亦未始非中華民族之福。卻不知中共會引導中國進入一個完全不可預料的黑暗時代！假如中共繼續其工業技術進步步伐，以一九六四年爲基礎，到今天，它的工業經濟應已相當強大，臺灣的生存空間會被完全壓縮消失，中共則將具有可與日本分庭抗禮的地位。中共政權的錯誤，真是我民族的大悲劇。

一九六二年以後，我不停旅行世界各地，首先在香港去看了當時許多人不敢去的「國貨公司」。有人告訴我，我們的情治單位派人在國貨公司門口，給進去的臺灣人照相，我不相信。國貨公司不止一家，一家不止一個門，每個門每天都有人去照相，要多少人？豈不立刻給人認出？而且每天進出的人那麼多，我們的軍統、中統怎麼知道誰是臺灣來的。我每次去港都大大方方地去逛一遍。引人注目的商品有海鷗牌相機，海鷗、上海……等不同牌子的手錶，頗爲精美的自來水筆和雙眼望遠鏡等等。相機與手錶中有多少關鍵性零件是進口裝配的，我不知道，但臺灣在這時候還不能做。它們的金屬外殼製造十分粗糙，當然在自由世界絕無銷路。但問題是，如果中共從一九六〇年代初起，就致力於改良品質，在極大的內銷市場支撐下，今天他們的世界性競爭力將已十分驚人。一直到今天，這些產品的品質還停留在當時我初見它們的水平上。

◉大陸商品力停滯不前

以後，我看過不少次中共商展與廣州「春交會」及「秋交會」的錄影帶、文件、資料、樣品等等。他們所顯示的狀況可以解析爲幾點：

第一，他們對高科技產品無力作商業性生產。

從一九六〇年代中共各項商展中展示的東西看來，中共的機械工業及精密機具工業在當時已超前我們甚多。機械錶與相機的出現更足重視。儘管錶的關鍵性零件如發條等一定是進口裝配的，快門系統與鏡頭一定也是進口的，但裝配其他零件仍非易事。證以後來中共在飛彈及核彈發展上的異常成熟，其精密工業的技術能力一定很強。中共爲什麼不能改進這些商品以爭衡於世界，我不知其理，但知道他們迄今做手錶、相機這些民用商品的技術水準，仍和當年在日本及一九六〇年代他們其他商展與交易會上所表現的差不多。

第二，他們浪費了人力、物力、資源，只爲了一點點的「創匯」。

他們的出口迄至最近「四小龍」無力再生產人力密集的消費品，使這一部分工業轉入大陸以前，一直依賴耗費人力與物資極多而售價奇低的農工產品。舉一個例來說，他們賣玻璃瓶裝的醋，品質好得異於尋常，但是一瓶約三百CC的醋，在美國華埠市上只賣美金一元至一元二角，最初還只賣八角，其出口FOB實價必定是零售的三分之一至四分之一，還得扣除內陸運輸破損！換句話說一瓶醋只賣了兩三毛美金，要支付玻璃（燒堿是要用電的）、原料費用，還要支付人工，無論怎麼算，他們把人力、物力都浪費得不成話。更何況那種醋二十多年來，包裝毫無改進，瓶蓋十之四五會漏，瓶子是髒的。除中國人外，絕無買主。

這個醋的例子說明他們完全不懂這種醋在西洋世界根本沒有銷路，洋人根本不吃這種醋。而包裝如果能改進，以五〇至一〇〇CC小瓶，漂亮的包裝起來，每瓶賣三、四元美金一定能賣。但這種商品的形象已經被破壞，再也無法可想了。

◉商品不符國際需求

中共賣一種小泥人，和陶製的硬果，如栗子、核桃之類，手工精美，無可批評，售價低到一個小泥人只賣二、三元港幣。想一想製造泥人所需的人工、燒窯的能源、包裝材料、運輸負荷，這樣的出口對整個經濟而言，絕無不虧之理。而且依賴這一類東西出口，貿易規模不可能很大；以廉價輸出，使國內有人可以就業，事實上等於國家貼補這些人做廉價工，還得貼上資源的流失，完全看不透中共的政策目標何在。

第三，中共對國際市場的無知是驚人的，最近幾年情況或已有改善，但過去的無知例子實令人詫異。

我常說，當年各大學學生不少優異人才都留在大陸，我的學友比我優秀的多得很，他們不可能無知如此。不幸，事實就是這樣。

西洋消費品市場有其季節性需求。復活節的貨在三月以前一定要鋪到零售點；聖誕節的貨十一月裡也該鋪到零售點了。從這個時間倒算回去，就得到出口商的出口期限。到時不交貨，不管貨品多便宜、多好，人家也不敢要。中共的出口商完全不理這回事，於是進口商如果不是斂手而退，就是把價格壓低，以容納或有損失。

我常舉中共製鬧鐘和瓷器爲例，說明中共對市場的無知。

從六十年代初，我國人員已注意到中共電鍍的技術進步。中共製的鬧鐘，外殼鍍工甚佳，甚至比今天臺灣還好。內部機件都是銅製，不是塑膠的，十分耐用，應該是好銷的東西，但鐘走的聲音極大。我買了一只樣品回來，放在日式房屋的書房裡，夜深人靜在臥室中還聽得清清楚楚。他們不知全世界的鐘都已走向無聲，不能想像在大陸那麼差的居住條件下，這種鐘如何還有人買，這在國際市場上顯然是賣不掉的。

大陸瓷器，除景德鎮以外，湖南醴陵也生產很多。我曾見他們仿日本*Noritake*的設計樣子造的咖啡具，瓷質一流，型體很秀麗，假如不加裝飾，就這麼純白的賣，或是不規則地灑一些點線，使其具有現代意味都可以。但我看到的那一套，却是貼印了八仙過海之類的俗氣印花。這樣的產品，論型體，中國人不愛，論花式，洋人不敢領教。坦白的說，是市場上的廢物。

第四，中國的基本建設太差，又不著急改進。

貿易的開展，除陸地相鄰國家之外，非經海運不可。亞洲四小龍都有很好的海港和內陸聯運系統，這是發展的先決條件。泰國沒有好的深水港，每年出口的玉米運費額外負擔每噸不下五、六美元或更多。巴西的鐵礦砂運去日本，海運費比匹茲堡鋼廠在美國國內運礦砂還便宜。這就是世界鋼鐵市場全由各國海濱廠包辦的原因。中共建「國」四十年，雖也建了幾條經濟價值不高的鐵路（如成昆、西北大鐵路），也擴建了幾個海港，但至今沒有像樣的鐵路網與便利的海港。以出口煤而論，中共的產煤區在山西，出口港卻是秦皇島，鐵路線長逾一千公里，連調車回山西的耗費在內，每運一噸煤，若使用蒸汽機車時，其所需燃煤量不下一百五十公斤，而即使是秦皇島，也不能灣泊十萬噸以上的散裝運煤船。至於貨櫃，大陸不僅船運能力有限，內地的陸上轉運設施及貨櫃場更是短缺。不幸，這些設施的建造，動輒需時十年、八年或更長。高雄港的擴建工程就費時十年以上。臺灣有這麼好的公路網，現在還不夠用，中共若眞的希望貿易大幅成長，帶動港口附近地區的進步，就必須停止那些無聊的政治運動，專心去把基本設施建好。

◉一邊缺電，一邊出口電力？

大陸是電力奇缺的地方。探親客回來敍說的公寓樓梯口沒有電燈，要自備手電筒，以及公寓的電梯一天只開數小時，是很好的例證。然而中共卻在市上賣鋁錠。迄今為止，從二氧化鋁製金屬鋁，只有電解一法。出口鋁錠等於出口電力。如此缺乏電力的國家要出口電力，據說是因爲中共在某處建了座水電廠，但大概是輸電網路沒有建好，電送不出去，無法與他廠併連，只好在附近建鋁廠。這是何等荒謬的理由！建高壓輸電纜雖不便宜，但絕對比把它浪費到電解鋁上去外銷要經濟得多。

曾有朋友和我說，如果你要去大陸擔任他們的國際貿易局長，他們一定歡迎。我說，我若有那麼大的本事，把一個落後體制與迷信無知的政權說服了，接受我的「資本主義自由化」的政策與做法，即使個人會受如文革般的瘋狂迫害，爲了中華民族的前途，倒是值得一試。可是，大陸已經到了人力不能迴天的地步，要改革開放，則無力應付開放轉變初期的通貨膨脹、失業，驟失衣食憑藉的幹部的反撲與形成內戰，導致國家分裂的危險，要繼續管制，則經濟必然萎縮、社會退化、時有的天災最後會造成紛亂與內戰，導致分裂。大陸的復興已沒有前途，除非誠心誠意接受在世界行之有效的制度，略加改變，加上一點「社會主義」的化妝，以便於執行，才有一點微弱的指望。

第五章◎談判風雲

15 爭取平衡待遇

一九七〇年代開始，我負責政府對外經貿談判與交涉，主要對象當然是美國。因爲我國出口貿易量中，近五〇%是對美的。

六〇年代後期起，世界貿易市場出現已開發國（如美國）對輕工業消費商品，如紡織、塑膠、陶器等和小型機器設備逐漸生產不足，要向國外進口的趨勢。這個趨勢來得如此猛烈、洶湧，使有能力供應這些物品的國家，得到一個迅速擴充工業的機會。在此之前，很少人相信開發中國家的產品，能夠大量進入已開發國家的市場。但這股潮流造就了日本及稍後的所謂亞洲四小龍的工業，使它們突然興起。

在我國開始大量生產紡織及其他輕工業產品時，市場是如此之飢渴，工廠一個連一個建立，用同樣技術，製造同樣產品，得到很大的利潤，成爲我國嗣後工業化的第一個有力憑藉。

此時輸入國對這種輸出大量增加的情況也無強大的抗拒。如黑白電視機，美國原是世界最大生產國，數年之間竟完全自市場退出，專門進口。這就是當時令人驚訝的，本世紀給開發中國家向開發國輸出以擴大經濟規模最大的機會。凡是沒有搭上這班列車的開發中國家，今後想依賴外銷帶動經濟，就困難得多了。

六〇年代後半，美國國內開始有對進口紡織品增加過速的抗議。整個經濟形勢是，美國不可能自力供應國內全部需求，如對進口限制過嚴，將助長通貨膨脹壓力。可是美國工業界的政治影響力及工人選票的顧慮，使美國政府不可能不重視這要求管制的呼聲。因而對紡織品進口限制只能一步步加強。

美國政府官員處理進口管制談判，基本態度是：一方面要讓國內工業界和工人相信，美國政府是在盡力謀求管制進口，保護國內工業；另一方面卻也不願作太嚴的管制，使通貨膨脹深化，而進口物品多半屬於中、低收入階層消費者所使用的，過分提高價格也會影響選票。

美方談判人員就在這種矛盾心理中找尋平衡點。美方主要對手最初是日本、臺灣、韓國、香港，其他地方競爭力薄弱，不但不為美國所重視，連我們這些競爭力強大的國家，也不以他們爲意。有一次我在談判中曾經提到，我一點也不反對你們給中美洲貧困國家一些特別優惠，但我們不能接受你們對中韓港三地區有差別待遇。理由即在此。

◉四小龍平衡待遇

當時我方談判策略是，堅持幾個競爭激烈國家一定要得到平衡（*equitable*）待遇。換句話說，美國對中韓港三個競爭激烈國家任何之一，不能給予特別優惠的待遇。韓國與美國有正式邦交，香港有英國爲後臺，臺灣即使在中美斷交之前，也有如國際間孤兒，所以美國人往往找我們先談，以我們爲突破點。假如我們同意美方要求，美方就可向韓港說，臺灣都同意了，你們不同意怎麼行？因此，我們確立了一個戰略：假如臺灣第一個與美談判，必定加入一條款，說明所有兩國政府所同意的條件，都與其他主要競爭國（*close competiters*）接受類似的平衡待遇爲條件。假如別的競爭者得到優惠待遇，我國就有不承認所有談判結果的權利。

這一條款使我國免於受到政治上不利環境的擠壓，十年之中沒有發生重大差錯，我方得到重大條件從不比韓、港爲差。日本由於國內經濟發展超前，工業升級，已經不是我們的強烈競爭者。

談判生涯中，有很多可記述的事。遠在一九六〇年代末期，美方開始管制我國洋菇罐頭進口。我在談判時提到，根據你們美國人自己統計，賓西凡尼亞州菇農還不到一千人，而美國洋菇消費者有兩億。爲了不及一千人利益，要管制洋菇罐頭進口，提高價格，我看不出其中道理。

美國談判人員私下對我說，賓州菇農爲數雖不多，但是賓州出了兩個政治人物，一個是國會反對黨領袖Scott，另一個是有力的國會議員，這就不一樣了。最後總算定了一個配額，但寬大到不致讓我們吃虧，又使得美國行政部門對政客有所交代。

這情形在我於七〇年代初與日本人談臺灣柳橙進口的經驗完全一樣。當時臺灣的椪柑是可以輸往日本的，但是日本卻不准進口品質較好、產量更大的柳橙，理由非常荒謬，說是有蟲害問題。我們在會議中質問：世界上有沒有一種蟲子專門吃柳橙，不吃椪柑？如果有，請告訴我們是何種蟲子，如果沒有，那麼椪柑既然可以進口，爲何不能開放柳橙？

日方談判的人員私下告訴我，當時的農相是九州出身，而九州是柑橘類產地，所以無法再開放了。數年後，此事終以臺灣建立一燻蒸殺蟲設備爲條件，日本開放進口。但此時國內消費市場擴充，可供外銷的水果量已越來越少了。

◉中韓會議談判之始

我之擔任談判任務，比我擔任國貿局長還早一些，民國五十六、七年我在經濟部擔任常次，奉命率團赴韓開中韓經濟會議。那一次會議並無具體議題成就，但却是我主持對外經貿會談之始，對方首席爲黃鎬乙（商務部代理次長），從此之後，直至民國七十年自公務員職位退休爲止，我事實上主持所有中美貿易談判，和對歐洲、日本的經貿接觸。

談到對歐的接觸，我和邵學錕兄常赴歐，希望能和歐洲共同市場建立一些關係，當時歐市的國際貿易負責人爲*Ernst*，對我方非常坦誠，每一次去*Brussel*，都在歐市那如迷宮的建築中和他會晤，然後，在一九七〇年代之中，也不知從那一天起，歐市的態度突然轉變，我們再也見不著任何歐市官員了。某次，歐洲國家限制我紡織品配額，不與我們談判，只在歐市迷宮建築的某一辦公室外，貼了一張小小通告說，臺灣的配額削減了。我們是由歐洲代理商傳來消息才知道的，如果根據那個新配額，我國許多紡織品根本不能出口歐洲。

◉據理力爭，報復歐洲？

我當時說，歐市的人對我國採「三不」（那時國內尚未有三不政策），就是往訪不見、打電話不接、寫信去不回。

有一次國內立法院開會，我去報告國際貿易情形，談到對歐接觸沒有發展，就有委員說，爲何不據理力爭？又有人說：他們不理，我們爲何不報復？站在立法院發言台上，除了說某某委員指教的很好，我們會好好研究之外，還能說什麼呢？在歐洲人三不政策之下，要據理力爭，又向誰去爭呢？它們是一堵不透風的牆，根本沒有回應，如何爭法？至於報復之一說，我國對歐進口多爲精密機械零件，缺少不得。而我方出口多爲紡織品、洋菇之類消費品，不但那裡都買得到，而且是歐市正在打主意要限制我方的，豈有報復之可說。這些民意代表知識欠缺，對不懂之事發言大膽，實在讓我佩服。以後，我們一方面不敢將歐人對我之現實狀況明白的在國內說明，以免引發反彈情緒，另一方面不斷從側面一點一滴上求突破，在英國先成立了大華貿易公司，由現任國際貿易局長許柯生兄負責與英貿易部連繫。邵學錕兄與我也多次赴歐，和法國、德國等國之貿易方面人士設法接觸。此時國內經濟發展蓬勃，市場在擴大中，而中共國內陷入政治爭執，對外影響力減退，歐洲各國才漸漸與我方恢復經貿接觸。

16 談判桌風情

我負責對外經貿談判十多年，與歐美人工作上接觸不少。對他們，自有我的感受與印象。

第一當然要談美國人。美國人，一般言之當然免不了傲氣，但都極力自制。與別國談判時，談判之前的準備工作做得很週詳，而且我從不曾遇見過十分不稱職的美國談判人員。

美國人對各種統計和調查資料要求十分嚴格，這也許和他們的文字有關。中文文法含混，主詞、動詞、受詞都不清楚。英文則不然，文法非常嚴格，必須有主、動詞和受詞才能組成句子，所以他們辦任何事務，也必須依照嚴謹的程序，備有充分的資料。這種辦事精神令我深深感動。但美國人有時免不了氣勢凌人，尤以一九五〇年代或更早一些為最可厭。

有一次，臺北一名美援小主管在和中國政府與民間申請美援人士開會時，爲了一樁小事怒容滿面的說：「你們是在浪費美國納稅人的錢。」說完，將座椅一轉，背對著人，好一會兒才轉回頭來。那時還在美援時期，我不知道美國政府本身對這些傲慢的美國人在國外的舉止有無調查，但我知道美國人花了大筆美援，却買來受援國家的反美意識，這一份傲慢必是原因之一。

◉白人終究是白人

美國人最關切之事，是遭人批評他們有種族偏見和差別待遇。對此兩者，他們會臉紅脖子粗的辯論，尤其是有關種族偏見之論。我和美國人談判多次，美方代表團中絕少非白人，即使有也是低級團員，負責資料整理提供數字等工作。美國當然是白人國家，這一點並無足異，但就是因爲這個緣故，他們以種族歧視爲大忌。當我於鞋子談判中提到歐洲對美出口高級鞋，直接與美國鞋業相競爭，且出口值還高於中韓，却未引發抗拒時，他們簡直辭窮理屈，所編織的理由完全無說服力。他們自己當然知道，就像歐洲汽車出口到美國，數量也不小，但美國汽車業與汽車工人絕未對歐洲有敵意一樣。美國是白人世界的領隊，他們希望非白人的國家及民族，能適當的進步與安定，却不能強大到足與白人爭衡的地步。當中美斷交前後，我在美國曾經聽一位美政府中人（我忘記他的官位）說：如果中國以你們的GNP成長速度，每年上升一〇%至一二%，二、三十年後，會造成世界的大問題。美國對日本的態度尤其明白。美國希望日本經濟興旺到某一程度，但不能威脅美國的經濟霸權；也希望日本有限度的整軍，但不能全面武裝成爲世界上另外半個軍事超強。這種態度與美國之對德國顯然不同。白人終究是白人，大西洋社會終究是大西洋社會，一切談平等、無歧視的虛情假意都是裝出來的。

然而，這個世界之爲白人所主宰，乃是一百年內無法改變的事實，非白人國家中只有一個中國大陸具有爭衡天下潛能。日本太小了，而中國大陸在共黨錯誤統治下，已失落了機會，即使能夠免於分裂而復興，再也沒有希望在一百年內達到富強足與歐美爭衡的地位。若一百多年後，中國居然復興了，世界是什麼樣子，誰又能預知呢？

話說回來，美國人究竟是一個相當講理的民族，他們完全服膺於（至少表面上）無歧視的原則。所以，不管任何情形，在談判中，美國表面上絕對要維持一個公平對待各對手的形象。

美國人十分重視平等無歧視的原則，歐洲人可不是這樣；當年他們專橫地削減我國紡織品進口配額，大幅減少我國洋菇進口配額，却把這些配額平白無理地轉授給中共或韓國時，我們提出抗議認爲這種處理「不平等」，歐市官員却說，本來就不平等，你們既非GATT會員，和我們又無邦交，不享受正式的最惠國待遇，有何平等可言？叫人痛心的是，我們受到這樣的歧視，却不敢在國內公之於眾。在國內公開固然可以減輕我們貿易主管人員所受的責難，但必然的會引發民間對歐洲各國的反感。這種反感對國家的利益無益有害。假如在今天，民進黨立委一定會抓住這個題目大做文章，既罵國貿局，又罵歐市，結果必然是民間對歐市態度大有反彈，使歐市更橫蠻，犧牲我國的國家利益。從此一例看得出政府中人忍辱負重的辛苦。歐洲人談判手之中非白人更少，且紀律不佳，東方人的惡習不因其歸化歐洲而消失。我們却也不敢不應酬。這種事我至今不知歐市首腦知不知道，但與他們談判的東方國家人知之甚稔。

◉歐洲傲慢，日人死纏死鬥

歐市對我態度開始轉爲友善年代時間在一九七〇年代後半，這是點滴經營的結果，基本原因則是我國經濟進步，市場日趨擴充，引起歐市興趣之故。

歐洲人的辦事風格可用直來直往和傲慢來形容。每一個歐洲人心裡都有四百年來，歐洲人是世界文化先驅的自傲。我們無法不承認這一點。在歐洲人看來，你們的進步全是學我們的。證諸事實其實也不錯，一百多年來，我們所謂進步，就是西化，也就是歐化；西化得越快越深，國家文化、經濟也就進步越快。歐洲人有此一念在胸，傲氣便表現在語言行動之間。如我在前面所引的，對我國洋菇配額的無理剝奪，與對我們抗議之回應，就是傲慢的表現。此外歐洲人談判時比較沒有什麼小動作，往往是將條件攤開，告訴你這就是我們最後的立場，沒有多少餘地可談：也就是「要嘛接受，要嘛就不談」（*Take it or leave it*）的態度。

與歐洲人的直來直往態度相較，以談判爲例，日本人特有的處事風格就是死纏死門，小動作不斷，不讓你知道他們的底線在何處。

談判的首要目標是摸清楚對方的底線。當然，沒有人會把底線輕易告訴你，但經過一、二次接觸，應該可以感受到對方的底線約在何處。假如這一點摸不到，談判會很辛苦、漫長，而且在惟恐被套住的顧慮下，你也必須把自己的底線隱瞞起來。對於一個不一定急於要求得結論的談判，或甚至是拖延較爲有利的談判，讓對方完全摸不清你的意向是很好的戰術。但如果想取得具體結論，你就不能不適度地透露一些玄機，讓對方也能猜到一些你的最終立場；這就像男女談愛情，你不透露一些你的感情，一味矜持，那裡會有後續的發展呢！

日本人凡事縝密週到，對任何事情都講究深入了解，而且喜歡兜圈子，不磨到最後一刻，絕不透露其眞正立場，所以和日本人共事必須有絕佳的耐性。

有一次，我率團去東京開中日經貿會議。對某一個問題已經有了協議，但是，寫成文字時却有了爭執。我方主張在某一點上採用「適當的」（*Proper*）方式來解決，日方則主張「適宜的」（*Appropriate*）方式來解決，此二字本無大差異，但日方非常堅持，有了意氣之爭，當然我們也因而堅持不讓。到了下午，我方知悉日方會帶牛津字典進場，便也去買了韋氏字典來，雙方引經據典，各自認爲自己選的字最好。直到去料亭吃完飯再開會，雙方依然僵持。我們坐在外務省客廳內直到很晚，日方方派了連絡人員來問，用第三個字如何，我們同意，於是三分鐘內大家同意用「正常的」（*Normal*）這個字，解決了爭端。這種事在中美或歐洲談判中是絕不會發生的。

◉韓人強硬，中共糊塗

韓國人的談判風格，我得之於華府美國談判人員者是，他們表現得非常強硬。因爲當時朴正熙總統在位，他極力主張對外要強硬。於是韓國人員便競以強硬態度求表現，俾得到青瓦臺的欣賞。其實就貿易談判而言，韓國從未拿到遠比中港特別優惠的條件。

在多年涉外事務中，我並未和中共人員見過面，但據美國談判人員告訴我，他們還很落後，對問題的知識不足，判斷不正確，代表們對任何提案無權作立即的反應而必須向國內請示，以致延誤機會等等。他們講話都通過譯員，與韓國方式相似，這又拉長了談判時間，並有詞不達意的可能。不過，談判時凡事通過譯員自有其好處，一則可以多一點考慮的時間，二則下次如果要反悔上次說過的話，可以用翻譯錯誤作藉口，而且在國內，你若使用本國語言談判，會博得很多人的讚賞。韓戰後，聯合國開會邀中共派人參加，他們派了伍修權，用中國話發言，在此以前我國代表團就研究蔣廷黻先生該用什麼話說，結論是我們用英文還怕人家不聽，若說中國話更不會有人注意。蔣先生是用英語發言的，伍修權便說「剛才那個不說中國話的中國人」，把蔣代表氣得要死，但談判是求實利的，自以說英語爲宜。

中共對談判業務的無知與判斷錯誤，可以毛衣限額談判爲代表。當時美國限制毛衣進口，我國配額四百多萬打，香港三百萬打，韓國配額二百多萬打。當時中共興起很快，實際已有每年一百萬打以上的實力，此時接受限額當然不利，於是中共堅拒，說非等中共出口達到如我國水平才能談。美國的談判專使爲此直接見了鄧小平，說明美國國內壓力，中共非接受不可，鄧仍然不理。美方乃下令於某日零時起，宣佈單方面禁運，中共配額只有三十幾萬打，而且凡是未通關的都要配額。這一來，連美西海關倉庫已到未通關的中國大陸的毛衣都進不去。如果中共熟知美方情勢，此時好好談判，不難取得八十萬或更高的配額，加上已到未通關，已上船未到的如能再予除外，第一年可能有一百萬打以上的額度。就在中共與美方談判正緊張之際，我去華府談判，會外隨口問美方談判人員，你們想給中共多少？他說你猜呢？我說一百萬打，他微笑說你的猜測是稍多了一點。這樣的語氣明白顯示，底線一定是六、七十萬打了，糊塗的中共竟不明局勢至此。

總之，從事國際談判是一項挑戰性極高的工作。要維護本國利益，有時要強硬，有時得退讓；有時無法正面回答，只好把問題扯得遠遠的，繞個大圈子再說；有時故意不做結論，以拖延時間。總之，我一向主張在談判桌上是沒有眞感情的，所有的喜怒遲疑都是爲了護衛國家利益採取的態度，不一定是你的眞喜、眞怒、眞的遲疑。但在談判完畢後，工作已經結束，就有些可喜、可記的交往，値得追憶。

◉桌上談判，下桌鬧酒

在中美十年貿易談判生涯中，某次我們爲了躲開雙方業者的追纏，決定去東京會談。當時兩個代表團都住在東京赤坂。談完並草簽之後，由我們作東，請美方人員在赤坂一家飯店吃中國飯，筵開二桌，美方代表團長是大使銜的談判使署代表邁克・史密斯。美方共有七、八人，有二位女性，我方十人左右。剛剛吃了一、二杯酒（葡萄酒，*Table Wine*），史密斯便吵著問有沒有比較有力道的東西。我便請店東找來那時候很時髦的貴州茅台酒。大家兇猛地一杯一杯的灌，美國方面除了女團員之外，個個都有點酒意，史密斯仍然大聲喊著要和我乾杯，而且說話全無章法，滿口粗話。處於這種情形下，我當然不能認輸，對乾幾杯之後，他眞的醉了，頹然伏在桌上。我覺得天旋地轉，腳步虛浮，但我終於不曾倒下，出到門外，冷風一吹，更覺得不知身在何處。回到旅館後，據朋友說，我還是自己走進房間的。半夜醒來，發現我連鞋都沒脫，就那麼和衣睡了。此時渴得要命，去洗澡房大口喝下一大杯水，立刻反胃吐得不成樣子。蕭萬長兄（未參加酒宴）一早來叫我，說我臉色壞極了。後來向美方打聽，美國人說，史密斯根本是被他們抬回旅館的。第二天他們啓程回華府，史密斯未醒，也是僚友去把他叫起來的。

◉歌酒相會趣事

另一次鬧酒的趣事是我去南非作玉米談判。同行的有雜糧業者數人和官員，現任經濟部次長江丙坤兄那時任南非經濟參事也去了。南非代表團請我們去Kruger天然公園住一夜。這已是我第二次去，但很幸運，出遊時看見了所有出名的動物，像成群的大象、被獅子追逐而跳過我的座車的羚羊、大群斑馬等等。晚上南非代表請我們在營地的合作社晚宴，開始鬧酒。我們大約一共有二十多人，喝了八十瓶酒，把營地的酒全喝光了。後來江丙坤兄告訴我，若干年之後，大家都忘了我們去買了六十萬噸玉米，卻不會忘記那個酒會。

當時酒喝到半酣，大家開始唱歌。我們中國人眞是不會唱歌的民族，到了這種場合，南非人引吭高歌，個個都很不錯。我們會的歌又少，歌喉也無法與人家相比。到後來，所會的歌已經唱完，大家連自己的校歌都出籠了，反正外國人聽不懂我們在唱什麼，賓主盡歡。

飯後，大家散歸客房，我因口渴，去合作社買可口可樂。在營地裡，只能喝瓶裝飲料，當地的水是不能喝的。我買完可樂之後，合作社內有兩名黑人，其中一人忽然畏怯的問，*Master*（南非黑人稱呼我們從來是叫*Master*，不用「你」字的）是那裡來的？我說臺灣。他又問臺灣在那裡，我說在遠東；他又問遠東是在那裡，我說靠近日本，以為這一下他一定知道了。那知他再問日本在那裡？我只好掉頭離去了。

與唱歌有關的另一趣事，是在韓國，我任團長去漢城開經貿會議，會後照例在「妓生館」晚宴。韓國的「妓生館」是日本料亭、我國酒家同類的有女侍陪酒的地方，氣氛比日本料亭開放一些，比我國的酒家規矩多了。

酒到半酣，韓國人開始唱歌，要雙方團長各唱一支開場，還有樂隊陪奏。我搜索枯腸，要想一支樂隊懂得歌譜的歌，一時之間，只記得小時學的「老黑人」。當樂隊奏起曲子時，我卻忘了開頭第一句，結果樂隊指揮的小伙子一個箭步上來，對著麥克風唱出了第一句，解除了我的窘境。那一次的歌謠比賽中，我們幸虧有一位項士揆兄，他是唱歌好手，一個人唱了好幾支。但一般而言，日本人和韓國人比我們都能唱、敢唱。不過，我國人在古代一定是一個會唱歌的民族，古代人不單會唱，而且會「嘯」，到今天還有「嘯傲山林」這句成語傳下，可是已無人知道「嘯」到底是什麼樣子了。

另有一件趣事是我到洛杉磯住在我最喜歡的大使飯店（*The Ambassador*），忽然接到一個電話，說「我是市政府禮車司機，來接你」。我說你一定搞錯了，市政府不會派禮車來的。我的姓是中國很普通的姓，至少有五百萬人同姓，他一定找錯人了。隔了一會，他又打電話來了，說一定是你，我來接「*Director-General Wang*」，中國姓這個姓很多，此刻旅館內却只有你一個是*Director-General*。我無法推辭，只好坐著去赴當時洛杉磯總領事劉邦彥兄的酒會，並把這件事告訴他。他一想，司機說錯了，他一定是去接臺北來的另一位王局長的。原來洛杉磯有一位粵劇演員余小姐，是當時市長約蒂先生的密友。余小姐曾率領一個劇團去臺北，得到王局長的照應，所以叫約蒂派車去接待他。但那位王局長改了班機，今天不來，要明天才到，才有這個誤會。我無端受此招待，損失給禮車司機的小費一百美元，眞是心有不甘。

17 西班牙談判

在管理貿易期間內，曾經歷過一段與外交有關之事，值得一記，那就是與西班牙的接觸。

一九八一年七月間，西班牙政府由經濟部部長出面，邀請我國去談增進兩國經貿關係。六月下旬，我先去比京布魯賽爾，與負責EC經貿事務之克雷頓（*Clayton*）先生見面，交換意見，氣氛良好。此時EC與我國關係已漸好轉，但EC官員依然堅持我們的交往在報端一字不能透露。

七月初，我由比京布魯賽爾飛馬德里。蕭萬長兄與我同行，開始會談。西班牙方面主談人為經濟部長。他們事先向我國駐西班牙代表朱國勛表示願意訂立兩國政府間協定。朱兄非常高興，但大家都預料到國家名稱的困難。談判開始後，先談實質問題，就兩國在MTN範圍內，互相給予最惠國地位，有很細緻的討論，前後共談了三天。

這件事經濟上的重要性不大，反正大家現狀便是如此，但如果能簽立政府間協定，當然就很有一些政治意義。

實質問題談完，進入國名討論，我們報告外交部以後，向對方依序提出四個名字：

1. *Republic of China*
2. *Taiwan*, R.O.C.
3. R.O.C.
4. ROC

對我方提出的四個名稱，西班牙方面全不接受。他們也依序提出四個名稱：

1. *Republic of Taiwan*
2. *Taiwan*
3. *China(Taiwan)*
4. China(*Taipei*)

我們立即密電呈報外交部，回電是四個全部不能接受。最後政府間協定當然無法簽定，雙方僅簽了一備忘錄。西班牙稱我們為 *Visiting delegation*，迴避了國名。

◉務實外交脚步稍慢

以今天的標準來看，西班牙當初所提之第三、第四項，也就是*China*(*Taiwan*)，*China* (*Taipei*) 應該已在我國可以考慮範圍之內了。但那時候的氣氛不同於今日，終於未能成議。

在談判中，西班牙方面也暗示到他們所提出的四個國名，曾與中共商量，但我們在馬德里期間內，中共對我們毫無騷擾。在中國飯館吃飯時，也曾遇見中共人員，他們當然知道我是什麼人，我們也知道他們是中共人員，彼此只對看了一眼。

一九七三年三月十日西班牙與中共建交，而且西班牙承認臺灣爲中國的一省，不似加拿大對中共所主張臺灣是中國的一省，僅*take note*的態度不同，所以西班牙如能與我訂定官方協定，倒是很有意義的事。也許我們的務實外交態度開始得稍晚了一些。

第六章◎臺糖八年

在臺糖八年是我公務生涯中最後一段，也是很愉快的一段。

過去臺糖在臺灣地位非常特殊。它當時分爲四個日資會社，從一八九八年起，日本殖民地政府開始大力擴展製糖事業，供應日本市場，也有小量銷行大陸。隨著日本經濟規模的擴大，臺灣糖業的規模也一年年擴充。日本總督府以政府力量支援各製糖會社，巧取豪奪，把民間的農田買去達十餘萬公頃之多。並在全省自臺北附近直到恆春，設立糖廠四十多所。製糖業漸成爲臺灣經濟的骨幹。當時凡有糖廠的村鎭，糖廠是社會活動的中心，非僅是一家工廠而已。

糖廠的小火車路線達三千多公里，比鐵路幹線還長。除了製糖季節運送物料之外，全年經營鄉下客貨運業務。當時臺灣公路網不夠好，路面也不佳，小火車便成爲中南部鄉下最重要的交通設施。今天五、六十歲以上的中南部鄉間人士，很多都還記得當年搭小火車通勤上學或上班的日子。糖廠又常設有學校、合作社之類的服務組織，而由於工業尚未興起，製糖會社提供了極重要的工作機會。所以，在中南部，臺糖被稱爲「會社」，只要說會社，就是指糖廠。即使在今天的臺北，大理街一帶因爲當初曾有糖廠倉庫，土名仍然叫「會社尾」。

日本工業的終身雇用制，使得糖業在殖民時期臺灣的經濟結構中，居於極重要的地位。即使在今天，糖業業已衰落，這終身雇用制的痕跡依然存在於臺糖公司及各廠之中。

民國七十年，我奉調擔任臺糖董事長，第一件事當然是去各廠看看。儘管臺糖對我並不陌生，但是以董事長身分去，總不免問問「你是那一年到公司的」這一類的話。

我初次巡視各廠，看見四十歲左右的同仁，往往已在公司工作二十年；五十來歲的，多已工作三十年。這些人幾乎一出學校門就進了臺糖，直到今天。

一直到民國六十年代初期臺糖開始衰落起，如果你在糖廠工作，你一定有一間在當時標準不算差的房子，有小園可以蒔花、養雞；學校如不在附近，廠方會開交通車送你的孩子上學。合作社供應雖不奢華卻很實用的消費品，飯堂可能是附近最好的飯館，朋友來時可以去叫幾個菜小飲。此外，有各種訓練班，給農閒時的人員和太太們學習技藝打發時間，而由於那是一個封閉的環境，同仁都曾是某廠的同僚，某一訓練班的舊友等等，絕無寂寞之慮。人們一進入這個環境就不想走了。

追尋臺糖衰落的原因有三個：

第一，生產成本日高，世界粗糖價格長期偏低。

第二，本地生產體制及臺糖組織完全僵化，不能改變以適應環境。

第三，臺糖最有利的一項資源——土地，限於法令與社會現實，沒有作商業性開發的機會。

◉工業化促使糖業缺乏競爭力

先說第一點。臺灣漸漸工業化以後，工資日高，農業資源又不豐富，臺糖的國際競爭力早已消失。而世界上中南美低工資熱帶地區，開始大量出口蔗糖，價格低得可怕。臺糖的國際市場消失，即使是以美國的配額內優惠價格出口（每噸約四〇〇美元）也是虧本的。內銷市場成長已近飽和，每人每年消耗量達三十公斤以上，又有果糖競銷，蔗糖銷路僅能維持六十公噸上下，以這微小的產量，要支持一家大公司，其管理費用之高可想而知。臺糖受薪人員在我初任董事長時，還有一萬六千人左右；到我離職時已減爲一萬人稍多。但即使只有一萬人，每六十噸糖須負擔一個人的人事費用，不管怎麼說，都是太高的負擔。

世界市場糖價自一九六〇年代初起，一直下落，中間雖曾因天氣關係市場一度缺貨，價格騰升至一千美元一噸，但大體而言，近十年來粗糖價一直是一、二百美元一噸，一九八〇年代中期且曾落至六、七十美元一噸，比黃豆、玉米都低，而黃豆、玉米收穫後即可進入市場，蔗糖還須經過製造程序，亞洲的生產國幾乎沒有不虧本的，而以琉球虧累最慘。但琉球在日本政府的支持之下，不管虧累多少，全由政府津貼，而日本經濟規模巨大，琉球糖業規模渺小，以那麼大的日本經濟，肩負那麼小的糖業虧損，力量有餘。這種情況與我國完全不一樣。

從世界市場和我國農業條件觀察，我國的蔗糖事業可謂毫無前途。除非攻府能確立一項政策，十年或二十年內，蔗糖仍爲保護事業，規定生糖的最高價格，給臺糖一筆錢，關掉一些廠，擴大一些廠，裁員，並只生產三、四十萬噸的糖，不足之數進口粗糖來加工煉製白糖，如此臺灣糖業還可支持一段時期，否則台糖生存不易。

但政府若保護糖業，必然造成國內外差價長期存在。臺灣的政治特權太多，政府的判斷功能不彰，且常常有故意縱放之嫌，一個長期穩定的政策不可期盼。這一點非但不能與日、韓、港、新比擬，抑且不能與泰國、大馬相比。舉例言之，若內外差價太大，本地大糖果廠就會提出，他們爲了提高品質，需要純度比臺糖更高，或色澤更白的糖。

當然世界市場上有那種糖，但糖是一種極普通的消費品，純度高一點點，色澤白一點點對最後成品的品質影響，老實說，是看不出來的。但工廠如此要求，工業和技術主管人員絕對會相信的(即使並不相信，廠家的民意代表、廠方人員等等也一定會使他們相信)。在此情形下，臺糖只有兩條路，一是認賠去生產小量的特殊規格糖。用此方法還得冒廠家繼續挑剔的風險。另外一條簡單的路便是讓他進口，至於眞正進口的是什麼樣子的東西，誰也不會問的。這就是我們的政府，我們的民代，我們的執政黨的行事風格。

在這種環境下，臺糖既不可能期望長期穩定的保護政策如日本、歐市、美國；又無可能期望糖價重回，升至足敷臺糖生產成本的標準。內銷市場則已達飽和，僅賴人口自然成長有微小擴充，又要和果糖競爭，其無前途十分明白。

◉管理制度僵化

說到和果糖的競爭，便不能不提到臺糖產銷制度的完全僵化。

當果糖初出現於市場時，我的判斷是，民間果糖業毫無機會。因爲臺糖可以立刻製造液態糖或直接投資製造果糖，以稍低於民間的價格出售，民間果糖便毫無存在機會。

我並再三主張在埔里或其他將廢棄的廠製造果糖或液態糖。

果糖是一種混合糖，它是由一半蔗糖，一半葡萄糖混合而成，它的製造程序是逆天行事的。因爲大自然製造醣類時是先製成糖，然後將糖轉化成澱粉。這就是玉米嫩的時候甜，老了，糖變爲澱粉就不甜的道理。製造果糖是要將大自然的這個程序倒轉，將澱粉轉化回來成爲糖。臺灣因農業條件不利，無法與用進口澱粉製造的果糖競爭，果糖侵奪內銷糖市場只有一個方法可以抵抗，即台糖製造液態糖或果糖，以廉價供應飲料業者，儘管價格不能有利潤，但保住市場，分攤臺糖全部管理、人事費用，降低臺糖全部成本的利益是很大的。不幸，政府的主管部門，如國營會不懂這個道理，找到一堆似是而非的數據，就否定了臺糖製造果糖或液糖的計畫。當然，作爲公營事業的人員，公司的前途誰也沒有切膚之痛，你不許，我就不做，懶得去和那些不懂事的小朋友爭得面紅耳赤。

◉惡惡不能去，善善不能用

這樣的管理制度如何能讓公營事業有效率地經營？私人公司如要投資製造一種新產品，只要評估恰當，經董事會通過就可以辦了。既無「民意」干擾，亦無政府預決算的重重複複的審查，公司雖小，仍然能賺錢。而公營事業實在是無藥可醫。我在經濟部多年，又任臺糖董事長八年，公營事業的病源、病象，無不深知，但這些「病」既非經濟部所能治，甚至行政院也治不了。舉例而言：公營事業的人事僵化得無法可想。每一個人都受人事保障，若有一個生性乖謬的人，會罵長官，罵同事；不辦事，却交遊廣闊，有許多民代或角頭朋友，在今天的公營事業中是誰也不敢碰的。你得罪了他，他會寫信給民代，給記者，給情治人員，給你的上級。民代據以向你的長官、上級「反映」、「關切」，你的長官、上級十之八九不會支持你。而民代角頭吵到你辦公室來，給你難堪，如果是監委或其助理人員手握合法調查之大權，你更吃不消。記者呢？以我這樣與新聞界有淵源的人，也不敢不在意記者們的記述。一旦有個不完整的故事上了報紙，你的長官、上級會懷疑這是眞的，民代也會據以質詢。等你說得明白了，已經花了一長段時間，遇上了許多煩惱。安全人員在今天的政府中已漸失勢，但不能說他們已完全消失。他們給你記上一筆，你根本就不知道。數年前，我寫了一篇「無力感」的文章，有朋友來告訴我，說在一次最高級情治人員餐會中聽人說，我寫這篇文章乃是受了某特工頭子的指使，我不知此言眞假，但我和那位「指使」我的人三十年中毫無來往，而且他在近幾年中突然失寵了。不幸，這一類安全報告會跟著你走完你全部的公務生涯，而層峰也極相信他們的報告。他在暗處，你在明處，眞是防不勝防。至於寫信給你的長官，是各種困擾中最小的一個。除非你的長官早就對你不滿，正在等著這機會好批上「澈查」二字來令你難堪，否則倒不重要。是這樣的顧慮使你惡惡而不能去，而人事的規範更令你絕對是善善而不能用。

我在經濟部任次長時，曾和人事處處長說，近十多年來，經濟部的常務次長人數不少，絕大多數不是「合格實授」。我是從委任官一步步、一級級爬上來的，你要什麼，我有什麼，當然是合格實授，有的人可不一樣，很能幹，很合適的人不能實授，眞是可惜。我說，一種制度，令十之二、三的人不合，十之七、八合格，說得過去；到了只有十之二、三合格，十之七、八不合，這就是制度問題了。他亦以爲然，但是誰能改呢？

人事如此，組織亦如此，更麻煩的是業務計畫的執行。

現在公營事業一項計畫的成立，除本公司內部各單位的重重審查之外，還得過主管部會、行政院經建會、主計處這三關，才能列入預算由立法院審議。如果一切順利，至少兩年半至三年才能將計畫預算成立，拿到錢來用。若是各審查單位中有一、二位實務知識有限的審查人員，提出令你啼笑皆非的問題，最好先知難而退保持友誼，省得多費唇舌，反正是公家的事，管他娘。

我常常想，這個痼疾如何療治？

◉建議成立董事會

民營化實非適當答案。首先是民間無力承受大公營事業。以臺糖爲例，臺糖的六萬公頃土地若經過通盤規劃，將一部分變爲新市鎭或工業、商業、住宅用地時，價值可達萬億以上；公賣局工廠如連商標一齊出讓時，價值亦達數千億。這麼高的價值，民間不可能很快接受。

第二個大困難是民意代表機構不可能同意大公營事業轉化爲民營，以致喪失委員、議員們對那些事業尋求利益的機會。三商銀民營計畫擱置即是顯例。

政府願出讓，民意代表也可接受的，是一些中小型、業務單純的事業，對臺灣經濟發展及公營事業管理改進的大局意義有限。政府在可見的時間內，勢必要揹著這個公營事業的包袱，走很遠的路。

既然民營化不是適當的答案，改進制度能不能解決問題呢？對於這個問題，我曾深入思考，覺得在現行政府體制及社會紀律狀況之下，實在也無辦法。

一個可能的制度是，政府選擇一個董事會，廢止政府現在所有的人事、主計與計畫核定單位，信任各公司的董事會，對每個公司給以人事任免、待遇標準、業務推行、計畫核定的全權，並訂出一套事後考核制度，如果不能達到政府預想中的進步，就撤換董事會；董事會再去撤換經理人員。這個方法的成功條件是紀律嚴明。沒有森嚴的紀律，這樣的制度裡會有更多的民意代表干預、金錢賄賂、浪費、冗員充斥的毛病，還不如現行制度之可以拖延一時。這正像共產國家當前面臨的困擾一樣：放不得，又撐不下去。如何處理這個問題，需要極大的智慧與政治力量，若衡以近年政府處理涉及高官與巨賈大案子的態度，這份智慧與政治勇氣顯然是不存在的。

臺糖土地的開發利用，無論從那個角度去看，對政府都是極有利，且阻力並非甚大之事。臺糖農地約六萬公頃，合一億八千萬坪。若以最終可以開發為非農業用地佔三分之一計算，則有二萬公頃，合六千萬坪。其中四〇%應計為道路及公共設施之用，實質可用面積當有三千六百萬坪。經過良好規劃與投資開發，工業用地每坪價值超過二萬元

(但工業用地應包括道路，公共設施用地在內)，商業及住宅用地可達十萬甚至數十萬元一坪。即使平均每坪五萬元計，總值最終也超過萬億。

◉特權通天難抑制

這樣大的一筆資產為什麼不去利用開發？答案是不動則已，一動就會招來有力人士要分一杯羹，無從應付。土地只有一塊，賣給或租給一個人，或與某人合作，必定引起他人閒話。沒有「通天」的管道，誰也應付不了這種壓力。而今天「通天」的，三兩年後，那個「天」變了，你又將何所依恃？想到這許許多多的問題，結論就一定是一動不如一靜了。

靜的結果乃是有力人士憑藉個別的壓力，一塊一塊揀好的零星的割。割的理由正當得叫你無懈可擊：有人要辦學校；有人要辦醫療中心；有人要辦工業；有人要建廟宇……反正每一個理由都好得令人擊節歎賞。但事實常常却是把一大片原可作有計畫開發的土地割去了關鍵的一塊，使不復具有原來的價值。

有一家汽車裝配工廠，便以通過工業局征收的方式向臺糖挖去了一大片（二百公頃）

位於道路邊價值極高的土地。照理說，沒有一家民營工廠有權要求征收土地。這個巧妙的方法是工業局先成立了一個「工業區」計畫，向臺糖征收一百公頃土地，價格當然極低。依常理而言，工業區的土地乃是供給許多工廠建廠之用，所以才叫「區」。但這片土地被征去以後，立即以低價全部轉手給那家工廠。其效果等於是工業局代一家民營廠用公權力低價取得極寶貴的一片土地，臺糖當然不服。但臺糖依法不能抵抗征收命令，只能提出價格不公。這個價格官司從縣政府打到省政府，最後打到行政法院，每一審臺糖都敗了。和富商大賈打官司眞是勞民傷財，又注定要灰頭土臉的事。

從產值上說，臺糖已是一家小公司，它的主產品蔗糖每年自產約二十三、四萬噸，代農民壓榨甘蔗，分得量產有三五％，大約有十五、六萬噸，合計大約是四十萬噸弱。以國際糖價（白糖）三百五十至四百美一噸計，合美金一億餘元而已。但以國內市價每公斤近三十元臺幣而論，則可達新臺幣一百餘億元。加上聯產品（糖蜜）、副產品（酵母、酒精），及其他產品（豬肉、蔬菜）等，勉可維持營業額二百億元，且市場成長太慢，農產新產品的技術計畫難獲支持，組織老化而又僵化，所以，儘管這家公司極爲可愛，業務上若非大幅度改弦更張，絕無希望。

改弦更張的方向只有一條：土地開發。臺糖土地若經過政府有計畫開發，眞是一筆無可比擬的財源。但如遷延不辦，好肉被人一塊塊割去，剩下的開發價值就不高了。

◉開發土地困難

但開發確實有困難，不難在技術，那一點也不困難，困難在政府內部與民代的阻力。

民國七十四、五年間，我已主張闢遊樂區，當時準備先開高雄與尖山峠二處。結果民進黨的高雄縣長全力支持，臺糖却拿不到預算。仍然是內部喜歡玩弄權威的審查人員挑剔，加上立法院對民間遊樂區有興趣人士的反對，進行速度奇慢無比。到今天，比臺糖後知後覺的民間投資者已經一個又一個的建成了各種「樂園」，臺糖幾乎仍在原地踏步。

遊樂園對臺糖確有大利。第一，土地利用價值巨幅提高；第二，吸收部分因糖業衰落而多出來的人力；第三，最重要的是，遊樂區建成後周圍的臺糖土地會以十倍、數十倍的比例升值。當然，土地升值後，會給臺糖帶來處理上的困擾，黑函會滿天飛，政府上級、立法院、監察院都不是好應付的。但這可以要求行政院直接主持處理利用，如世貿中心模式來解決，行政院不懷疑你，並出面應付，事情就好辦多了。

我在臺糖時，一直主張開闢新市鎮。至少有兩三處地方可供開發，以嘉義縣太保鄉爲例，如臺糖在此建一個新市鎮，利益之大難以計算。但此涉及農地改用於其他用途，更改地目，問題非臺糖或任何部會可以決定。政府高層若無決心，並深入體會利益之大，是不能辦的。

臺糖有兩間研究所，糖業研究所和畜牧研究所。糖研所有極輝煌的紀錄，曾培育出許多優秀新種，在全世界有其地位。近年臺灣對DNA重組的研究，糖研所也在從事。當糖業衰落以後，政府應考慮接辦糖研所，延續其研究工作。但糖研所亦應放棄一些毫無意義的工作，如過去以蔗渣製造人造絲的研究便毫無價值。這種纖維重組的技術十分古舊，了無新義，商業上品質無競爭力，是不值得做的。

第七章◎十一年抗癌心路

18 腎癌、三次肺癌手術及肝癌

六十九年九月，我在洛杉磯，住在大使旅館裡。那家旅館是一九三〇年代的名所，床鋪還是當時流行的十分柔軟的席夢思床。人睡上去就沉入床中。那個角度正好可以讓我摸到腹內右側有一塊硬塊，感覺上像一只芒果。我立即打電話給我內人，請她代約榮總副院長羅光瑞先生，說我在月底回國時想去看他。

九月底我回臺北，當晚就去看羅先生。我說我肚子裡長了個瘤，他說你怎麼知道？我說摸到的。他大笑說我們醫生都摸不到，你會摸到？於是我睡在他家沙發上，他為我診視。

羅君眞不愧是名醫，他摸了一下，面色凝重說，是一個瘤，大大的，光滑的，會動，是腎臟長出來的。後來檢驗結果完全與他的診斷一樣。他叫我次日去榮總入院用外科手術割除。

次日我太忙，再次日入院。由當時任榮總泌尿科主任曹夢蘭大夫主治。經過八天的檢查後開刀割除。

割出的瘤，經病理檢驗，是一種毒性不太高的癌，名爲*Renal Cell Carcinoma*。因手術做得十分乾淨，割除後未服藥，也不必做任何放射線治療。醫生並應我內人與女兒的要求，不向我說明眞象，只說是一個普通的瘤。當時我還不懂腎臟長出來的瘤十分之九是惡性的。從此，如常生活了五年多。七十四年冬，在榮總作每年一次的例行檢查，數日後接到通知，囑我去作複檢。我心想必有不幸之事。

果然，檢驗結果是癌症轉移到肺部，右肺中間有一個，左邊兩個，共有三個，他處未有發現。我毫無猶豫地要求用外科手術割除，由胸腔外科主任乾光宇大夫主刀。

◉但願逢兇能化吉

我原不知五年前割除的瘤是惡性的，此時知道了，直如五雷轟頂。我知道轉移的癌十分危險。當時我住在榮總四十五病房，內人和女兒天天來陪我，晚間她們回家，我極感空虛，覺得我的人生可能極短。若開刀一瞑不視，這幾天的相聚就將是我與愛妻、愛女訣別前的聚首。但是爲了不使她們受我的憂思感染，讓這最後幾天少點哀愁，我故爲歡笑，表示出一副全無所謂的態度。但在即將動手術的三天前，內人回家後，我心潮動盪，先把遺囑寫好、藏好，又把我的恐懼與不甘寫下，發抒哀怨。我將這份文字放在抽屜中。內人從不開我的抽屜，不幸第二天她來時坐在桌前，却不經意地開了抽屜，看見寫的那一篇，她淚落如雨。我不知如何安慰她，最後只能說，我一向是逢凶化吉的，彝中不是早就說過嗎？不要再悲傷了。

我的弟弟彝中說我有逢凶化吉之命，亦有所本。民國二十六年十二月，南京將陷落時，我由屯溪到南京，當時電報、電話、郵政皆不通，我搭軍車到南京。其時我父母皆已避往江北的一位堂伯家裡而我不知。當時南京到處張貼守將唐生智的佈告說，本總司令誓與首都共存亡。我時年十七，不知道這種牙疼咒是可以隨便賭的，只感覺這位將軍眞了不起。不知多少人在下關等火車逃離這即將陷落的城市，却不知向何處逃。車站裡連走路下腳的地方都沒有，而我所攜旅費已盡，有兩天沒東西吃。下關有幾家燒餅店還開門，一分錢一個的燒餅，此時賣五分、一角，還是一搶而光。

當時日軍從京滬路正面進攻至常州一帶受阻，於是轉向繞過南京正面，由側面攻來。

當時可逃之路應只有兩條，一是由下關渡江去六合向內地走，但無渡輪，覓小船不易。另一條是去鎮江，渡江到揚州，向江北逃。大家擠在下關車站就都是在等去鎮江的火車。

當日軍已日益迫近之時，我又餓又慌，不知該怎麼辦，晚間只好在車站無目的遊走。地上睡滿了人，燈光昏黃，孩子若走失了是絕對找不回的。就在這種混亂時刻，我忽然與一旅客對面相碰。他戴著風帽、眼鏡、圍巾，根本認不出是誰；他却認出了我，帶著萬分驚訝的問，你不是某某嗎？怎麼此刻還在這裡？我這才認出他是我的堂伯。我說我從安徽回來找父母親，他們都不見了。堂伯說他們已經逃到我家去了，你趕緊跟我走吧。我當時只感覺上天一定有神佛，否則怎麼那麼巧就讓我碰上了他。而他是南京數十萬人中唯一能攜我出險地的人。

就因為有此一段，我弟弟經常說我有逢兇化吉的命，所以我拿這件事來安慰內人。手術後，我在恢復室中。特別護士謝小姐看著我，要我動動手，動動腳，然後說沒事等著恢復吧。謝小姐問我，你病房裡怎麼有那麼多親戚，我說我娶了四個太太，自然親戚多。謝小姐推我上樓後，問我家人說，他的四位太太都來了嗎？大家聽了一起大笑。我製造這種笑話，也是淡化家人憂苦的方法之一，讓人覺得我十分豁達。

開刀後九天出院，不需任何後續治療。當女兒推著輪椅出到榮總外面時，我才覺得土地是如此芬芳，不免於污染的空氣甜蜜得令人心醉。我又回到了紅塵。

第一次胸腔外科手術之後，我以爲可從此無事，每兩、三個月作一次X光檢查，都安全無事。這樣過了十個月。

七十五年十二月檢查時，醫師告訴我右肺原有的瘤在長大中，我立即入院，乾大夫爲我作第二次胸腔手術。

◉無可奈何「天下雨」

這一次我不像第一次那麼悲觀。開刀之後，醫師含蓄地告訴我，這是一個「多發性」的移轉癌。右肺上佈滿了小小的瘤，簡直數不清。我問是否全拿掉了，乾大夫說，凡是看得見、摸得到的，都拿掉了。我當然了解這意思是說看不見、摸不到的還在那裡。碰巧我看到美國醫學雜誌上有一篇記述多發性癌腫的文章，直截了當的說，多發性的移轉腫瘤除了用化學治療或有希望外，事實上迄今無法可想。

我既已了解這種情況，就決心不去想它。反正要來的誰也擋不住。此時看見毛澤東說，世上無可奈何之事是「天要下雨，娘要出嫁」。這都是如果發生了，誰都無可如何之事。我就以這種心情等待著病情的自然發展。

出院以後，我不時抓住機會偕內人與幾位老友出遊。我想，我離開人世前，總要把時間好好利用。我一生無憾，旅行世界，名都大邑多已親歷；有名的旅館、飯店、觀光名所見識眾多；家庭美滿，衣食豐足，還有什麼可怨可歎的。所歉然於懷者，只是拋我妻一人，今後要讓她獨自面對日見寂寞的生活環境，情實難堪。

第二次胸腔手術後八個月，檢查發現左肺上又出現兩個腫瘤。乾大夫已不願再動手術，我再三要求，七十六年八月間，作第三次胸腔外科手術。我明知多發性癌腫是割不盡的，但我寧願死在手術臺上，不願受癌症末期的折磨。

開刀後，醫師告我左肺也有幾十個小瘤，「看得見、摸得到的都拿掉了。」

第三次胸腔手術後，體氣大衰。而且我預感多發性癌腫一定會重來，且頻率會愈來愈快。果然，僅僅四個月之後，醫師就在我的肝上看到了三個腫瘤。在這段時期中，我是每月作檢查的，前一個月還沒看見的瘤，一個月後就清晰可見，長大的速度非常可慮。我於是請教大夫，我說，我年過六十，死不為夭，個人無牽掛，儘管告訴我，還有多久可活。兩位肝病專家都說，這種轉移性的肝癌，既不能用外科手術割除，亦不宜使用化學治療，且療效不高，而且一旦用藥，身體立即衰弱如患大病，一般而言，約有半年可活。

我既已知壽命將盡，心情反而平靜。此時，我的老友余紀忠有一天偕女公子範英來我家，告訴我日本熊本大學發展一種新藥，對肝、肺、腎的癌腫有效。余家親戚曾用此法治好腎癌，囑我一試，並代爲聯繫。老友關切之情使我畢生銘感。

◉新藥有效

七十七年一月，我到熊本。發明這個新藥的科學家名前田浩，他不是醫生，但有兩位醫生爲他做臨床工作，一位名今野，醫院名態本循環器科病院，在熊本市內，是一所私立醫院；另一位醫師名牧祥二郎，自已開醫院，在熊本市郊鄉下的菊池地方。新藥名爲SMANCS（*Styrene Maleic Acid Neo Carzino Statine*），原理是因癌細胞表面組織粗，較大分子可以通過癌細胞壁。但普通細胞表面緊密，大分子不能通過。依照這個原理，前田浩發展出這種大分子的治癌藥，它可以停留附著於癌細胞表面，但不大能通過正常的細胞壁，而不造成傷害。一般而言，治療的化學藥品都是有毒的；它殺死癌細胞，也會殺死正常的細胞，SMANCS的優異之處就在它可以殺死癌細胞，但對正常細胞較少傷害。

一月中旬我到循環器科醫院，立即接受動脈注射的油性SMANCS治療。當時，我肺中又出現數十個小癌，肝上則已有五個，被歸類為*Phase 4*。但我女兒極力要求醫師將病情輕描淡寫，以減我的憂慮。

一週後，前田博士來告，注射效果甚佳，癌腫大部分已被藥物包住，不會再長大。又四週後接受第二次動脈注射油性SMANCS。再休養一週，攜帶水性的SMANCS回國，每週六次用靜脈點滴注射。

最初的一、二個月，藥物反應不輕，每次注射後有輕微熱度及嘔吐感，白血球減低至正常邊緣。

漸漸的，身體適應了藥物，注射之後不那麼難過了，中間大約隔一個月去日本一次，每次住十多天，接受斷層掃瞄檢查，並作動脈注射。約三、四月之後，我轉入另一家也受前田博士指導的臨床實驗醫院，牧診療所治療。每天注射、檢查之餘，便在附近遊覽。星期假日則去到熊本或福崗市內去玩。此時，牧醫師告訴我，病情已受控制，危險期已過，但仍須不斷檢查與治療。靜脈注射水性SMANCS次數則減至每週三次。從斷層掃瞄片上可以清晰看出肝上五個小瘤已有兩個消失不見，較大的三個則在縮小中。但醫師說，我兩肺上的多發性腫瘤非常可慮，有數十個，能否以藥治好不能確定。

從此時開始，我接受靜脈點滴注射約一年半，每月去日本檢查，間或作動脈注射。癌腫漸漸受控制，注射也不造成太大痛苦，只是麻煩。每天必須在一定時間（多在晚飯後）去附近醫院吊點滴。對辦公、讀書甚至出遊寫作都沒有影響。但每月的斷層掃瞄片顯示腫瘤消失的很慢，肝上一只較大的甚至根本不再縮小。

此時醫生考慮到肝上最後一個不再縮小的瘤乃是一個死體，不是活的癌腫。但這種事是難以證明的。只好持續藥物治療，看較長時間後它的縮化如何。

◉肺瘤又起變化

七十八年六月，正在慶幸除肝上一個疑為死體的陰影之外，其餘瘤腫皆已消失，不幸在這期檢查中，又發現肺部的瘤有活動現象，尤其是右肺有一個快速長大到三公分左右大小。此時牧祥二郎醫師顧慮到使用油性SMANCS須用動脈注射，此時有七%的機會，藥物會流經脊椎的神經中樞，因而造成下半身癱瘓。所以建議我先回國接受放射線治療，看有無效果。回國後六、七個月間在林口長庚醫院放射科林芳仁主任安排下，作了二、三星期的放射治療。同時仍繼續使用水性SMANCS點滴，治療過程相當痛苦，每次照射後，全身倦怠，無食慾，我決定停止這種放射治療，再度回到日本。

八月初到日本，牧醫師檢查發現放射治療並無顯著效果，乃決定冒險一試，用油性SMANCS經動脈注入右肺。做手術時，我並不知危險性，牧醫師乃留住醫院，不回家，又不敢太常入加護病房探視，以免引起我的驚懼。只是一夜之間數度來問我腳趾能不能動。護士們則徹夜守著我，隨時與醫生聯繫。到第二天早上，超過手術時間十二小時，牧醫師才回去。後來他告訴我這是他從業以來最緊張的幾個夜晚之一。

牧醫師的醫德、醫術和日本護士們的關切照顧都令我不能不由衷感謝。油劑SMANCS使用之後，肺部腫瘤立即受到控制，快速縮小、消失。

◉日本女性社會地位低落

七十八年初，我在日本，時逢年假，我的兩個女兒、大女婿、內人和外孫女都到日本來與我共度年假。到日本神社看日本人過年拜神，到醫生家拜年、吃飯。

日本人自明治以後，採用陽曆，農曆年漸漸沒有人過了。他們的習俗是除夕時，一家都回到父母處，吃類似我們的年夜飯。飯菜是簡單極了，擺得十分好看的一盤壽司和糕餅之類放在桌上請客人吃；有酒，但絕無熱菜，所以也不會杯盤狼藉。日本母親眞是可憐，丈夫固然是一家之主，長大的兒子也得給予充分尊敬。家裡要打掃的眞正一塵不染，客人要奉茶奉酒，她絕無中國「老太太」的權威。不知多少人和我說，日本如今很「新潮」，女人的地位高多了。事實上，年輕女性在社會上就業的確增多了，但她們在社會上、家庭裡所居的從屬地位，基本上並無改變。但是日本女性可眞的勤勞、負責、敬業。

我在日本住過好幾家醫院，日本醫院的護士好極了。她們不像我國護士多少會點英文，絕大部分日本護士完全不通英文，但是敬業精神眞是好。從早到晚，總是笑嘻嘻的，不管什麼事都盡心盡力去做。我因打針太多，靜脈找不著，每次注射都要戳三、四次才找得到。我便和護士說，每一次失誤要賠我一萬圓。這些護士每次便召集三、四人同來，研究血管在何處。這些女孩還眞令人感念。

日本醫院護士待遇菲薄，通常只有十多萬日圓，約臺幣三萬多元。在日本高物價之下，生活眞是不易，却無人抱怨或怠工。

日本的醫學研究應該還落後美國有一段距離，但他們因對保險賠償的恐懼較小，所以比較敢試、敢做。醫院的管理形態和我們的像極了，病房中心有一個護士站，每天一早護士們在此開會，圍在桌子邊說明病人情況。醫生早晚查房，極少日本醫生能說令人聽得懂的英文，但大家都愛說。我與日本醫生、護士溝通的方法是，用我蹩腳的日文，加上對方的蹩腳英文，再輔以漢字，可以說無往而不利。

在日本住一段期間才知道我們的疾病名稱與日本幾乎相同，只是日本人使用漢字已有一些爲我們所不用。如「酸痛」，日本人一定不懂，要寫成「痠痛」。其實我們以前也是這樣寫的。就像公路上的「慢」字標誌，在日本「慢」字還是照中國傳統意義是「輕慢」、「藐視」的意思，開車的慢字須用「徐行」。日本到處有這種古代用語的漢字，頗令人發思古之幽情；如熱水叫「湯」，我的在日本留學的女兒也不知道湯字在中國原來也是熱水之義。

日本的治療方法發生效力後，肝上的瘤於一年多後消失到只剩一個陰影，醫師判斷爲死體，不再去理會，肺上的腫瘤則已全部清除。此時，我正幸於痼疾終能治癒，却不料又生變故。不久之後，又出現有在脊椎旁的一個快速長大中的瘤。

19 又生骨癌

十多年前，我的右腿胯關節時時會酸痛，但會自行消失，故不太在意。到了因病去日本住院時，開始痛得厲害，睡時不覺得，站立、走路都痛。有時痛得無法站著洗臉漱口。請醫生看，所有醫生幾乎都說是坐骨神經痛。病得嚴重時，一發作根本連坐都不能，那時我看電視須鋪張毯子在電視機前，睡在地下看，連坐著看都不行，痛苦萬分。此時有醫生建議，也許須用外科手術治療，我未接受。一直拖到七十八年春季，我內人摔了一跤，送到中山醫院住幾天，請鄭俊達醫生診治，我則在醫院陪她。此時我也痛得起不來，睡在另一張床上陪她，順便請鄭大夫診治。鄭大夫眞有經驗，他一看就認爲不是坐骨神經問題，要我去照MRI片子。於是我到耕莘醫院去照片子。照這片子實在痛苦極了，因那時不能平睡，腿也伸不直，可是照這片子必須身子伸直睡在床上，照完一張片子，痛得冷汗直流。很痛苦的完成照片後，替我作檢查的醫生就說，你眞有本事，居然還能自己走進來。再問他情形如何，他說圖片會送給鄭大夫，你自己去問他好了。

◉骨上也有瘤塊

第二天問鄭大夫，他面有難色地說，你的骨頭上長了個瘤，初步判斷應是癌症轉移出來的。對於這個癌，也沒什麼特別好辦法處理，你可以到長庚醫院去作放射性治療（*Linear accelerator*）。第二星期起，我每星期就到長庚醫院作五次放射線治療。照過幾次後，痛苦大為減少，又可以走路了。但我當時不知這種治療對神經傷害極大，只覺得人舒服多了。不久，一個星期日夜裡約十一點多鐘，忽然感覺下半身完全癱瘓，不能動，我非常之恐慌。幸虧兒子女婿都在家裡，立刻聯絡附近中山醫院，接洽病房。我女婿背著我下樓，因為我兩腿已無知覺。那天下著雨，滿地泥濘，非常狼狽。進了醫院病房，第一件事便是導尿，結果導出近八百CC的尿液，但是我實在沒有脹滿的感覺。因為時間已晚，也就睡了。

第二天，醫生來看，說有內出血現象，因此傷害到神經，除了靜養外並無他法。大約兩星期後，我已能夠恢復行動。此時我去孫逸仙治癌中心，去看脊椎旁的瘤。經過好幾位名醫會診，大家決定瘤所在的部位是難以動手術的，而瘤的內部所有惡性瘤細胞，估計數字是十的十二次方，也就是一百億個。醫生開始爲我注射干擾素，但也含蓄說明，這麼多的惡細胞，干擾素能否發揮作用，全將其殺死，是難以預測的。此時情況是，這個瘤非用外科手術不能治療，但因部位關係，外科手術不能使用。在這種情況下，幾乎可說已注定是死路一條。於是我的女兒打電話給前田博士，把大致情形告訴他，請他作一判斷。他叫我女兒把我的MRI和病歷寄去。三、四天後，前田打電給我的女兒，說：「我們已開會看過你父親的資料，我們的意見是，癌細胞有十的十二次方這麼多，不管用何化學治療法，縱使能殺死百分之九十九，剩餘的百分之一依然是太多了，不能應付。所以非用外科手術不可。由於近年儀器之發展，這樣的外科治療已經是可能的了。但是你必須儘早來，儘早動手術，不可耽誤。」

於是我女兒陪著我，在三、四天後，就到了日本。進入熊本市區內一家整形外科醫院（日本的整形，就是骨科）。由院長榮輝巳大夫主刀。榮大夫先爲我作了次檢查，然後用幻燈片向我說明瘤的位置。他說，此瘤看起來已經包圍尾椎骨的三、四、五尾節，沒有開刀不知道有無侵犯到骨頭。如果已侵犯到過多脊椎骨，那麼就要做人工脊椎手術，換掉尾椎的第三、四節，你得在床上睡幾個月。如果你運氣好，它只是生長在外面，未進骨頭太深，那麼我們削掉攻擊的部分就可以了。他說現在已經去調集最新的儀器來做我的手術。

再過三、四天，儀器設備都已備齊，榮大夫爲我開刀。手術只花了一個鐘頭。第二天一早，榮大夫來看我，叫護士扶我站起，我說很困難。他說不管多難都要站起來。二名護士扶我站在床前，他讓我邁一步。那一步可眞重，我從不曾想過，我自己的腿會有那樣千鈞之重。就這麼一站和走一步，我已經把內衣都汗濕了。此時，榮大夫在一旁拍手，說好極了，你回床去休息罷。過了幾天，當我可以下床行走時，他又用幻燈片向我解說這個瘤的部位。他說，照片上顯示，瘤已經包圍了大半個脊椎下方的仙骨，事實上却只有一小塊黏著脊椎骨。他說，我們把與仙骨相連部分的骨頭切除了，因此你的脊椎支撐的力量已不如前，今後你必須戴著束腰帶，並且終生不可提重物。我說，什麼是輕重標準呢？十公斤算不算重？他大大搖頭，說太重、太重。我心裡想，十公斤重東西都不能拿，豈不是連孫子都不能抱了？榮大夫又告訴我，他已輕在整個開刀部位，塗抹上了油性的SMANCS，瘤子也已全部拿淸，不用再煩心。我想，這種事前、事後的解說，是非常有意義的事。我國醫院似乎可以引進這種方式，讓病人更了解自己的病情與開刀的效果。

以上是我在日本醫治的經過。日本醫生和護士眞是好。牧祥二郎爲我診治多年，我每次去到醫院，都感到他們一家的親切。

◉體溫突然變化

開刀後六星期，我離開日本回國。回國前又作一次檢查，證明體內已無癌細胞存在。但我的脊椎手術對下肢運動神經有相當損害，因此不能走太多路，上下樓梯有困難。回國後，身體一天比一天好，走路也漸恢復正常。突然間，在七十九年的九月裡，忽然出現每天晚間有一點輕微的熱度，口腔測溫都在三十七度三、四左右。到了白天，多半會降回至正常。最初兩、三星期我不以爲意，後來一直不退，我想必有問題。我弟弟就陪我去到陽明醫院看李鍾祥院長。我們本意只是想問一下究竟有些什麼可能，會有此種輕微發燒現象。結果李院長立刻就說，你不要回去了，就住進醫院來檢查。我連毛巾牙刷都沒帶，就此進入病房，一住三個月。

入院之初，李院長指定藍建台大夫爲我的主治大夫。藍醫生原來在榮總服務，我在榮總作三次胸腔手術，他曾在場協助。照我當時的情形，醫生第一當然要懷疑，這是長瘤之類的發燒，結果經過檢查證明不是。接著就懷疑是肺病，當然更不是。我原來在胸前裝了一支專做靜脈點滴之用的人工靜脈管，此時懷疑是此管受到感染。於是做了一次小手術把管子抽掉，但發燒依舊，並且有愈來愈升高之勢。

到此時，醫生判斷，這是受感染，但感染部位在何處？何種細菌感染都不知。醫生只好用不同的藥一樣一樣試，看那樣有效。一個月下來，毫無進展。有一天半夜，我忽然感到胃部酸得不得了，要嘔吐。護士用嘔吐盆接著，我吐了一盆血。醫生趕到，立即送入手術房，我最後記得的景象是醫生在說，來不及了，不要換床，就用這張床推進去。從那時起，我便失去知覺。醒來時，鼻子上多了一枝胃管，病床周圍佈滿了機器、瓶罐。

此時醫院發出第一張病危通知，幸虧交給了我弟弟，他收進口袋，沒讓我內人知道。此時醫生仍未查出感染部位與感染的細菌。最後醫生決定冒險，用穿刺手術，向肝上那一個原已假定爲死體的部位，抽取檢驗樣本。因爲他們懷疑到感染的最後可能，就是那一塊死體。這個手術說起來非常冒險，因爲假如那一塊死體還存有活癌細胞的話，這樣穿刺會造成癌細胞擴散。但醫生衡量利害，最後決定還是做。做的結果倒是很好：第一，證明那個部位已完全沒有活的癌細胞，第二，感染的細菌只是很平常的丹毒菌。這種病菌用普通的盤尼西林就能治好。不幸，此時忽然發生肺積水，因臥床過久，體力衰弱，完全沒有食慾。醫生用抽水方式抽掉一些水，仍無濟於事。後來連人工抽痰都已抽不出。咳嗽非常兇，有肺衰竭現象，逐漸陷入昏迷。此時我的血壓只有三〇—六〇，呼吸困難，生命現象十分微弱，醫生送我入加護病房，並對我家人發出第二張病危通知，又湊巧交給了我弟弟。

◉「我像箭豬」

昏迷多久我不知，到醒來時，我鼻內有胃管，口中有幫助呼吸的管子，背部有排肺水的放流管，完全不能說話，但我仍然相信我不會死，並且用顫抖的手寫：「我像箭豬。」中文箭豬不易寫，我家人都不認識，我便用英文寫*porcupine*，居然被我姪女認出，大家一笑，沖淡了病房裏的哀傷氣氛。

自我從昏迷中重新回到人間，不知是什麼力量，支持著、引導著我走回恢復之路。

二十天之後離開加護病房時，雖不能起坐、移動，但我自知我的堅韌的生命力終能克服這場大病。

從那時起，我便走上恢復之途，但全身癱瘓，連翻身都需護士幫忙。醫師希望我多住幾天，但我已經不能再忍耐，趕著出院回家。回到家門，看見小園內的花草，如睹故人，也有終於生還故土的感覺。

回家之後，由於只能睡著不動，醫生怕我生褥瘡，每一、二小時，特別護士就來給我翻身。三、五天後，漸漸能自己翻動。又過了幾天，醫生來看我，要我自行從床上坐起，我實在做不到。然後，忽然有一天，一睡初醒，自己已經忘記不能起坐之事，一翻身便坐了起來。坐起之後，才想到我本來是不能坐的，爲什麼會坐起來？從此，就可以自己起坐了。大約再過一星期，開始下床走路。但是，右腿始終無力，既不能久站，又不能走遠。每天都練走一段路，或慢跑一小段，自覺在恢復中，直到今天。

這就是我在這十一年中，不屈服於病魔的全部經過。而癌症病人十一年中，歷經腎癌、三次肺癌，再加上肝癌、骨癌的攻擊，還存活至今，相信例子也極少。

在病中最痛苦的，不是病的折磨，而是對生命如果結束，我所關愛的人要怎麼面對這種情況的憂慮。前面我已說過，我家庭美滿，衣食豐足，周遊世界，遍歷五大洲名都大邑，年已七十，死復何憾？但問題是，我所關愛的人，他們沒有了我，生活必定大起波瀾。這是我最不能忘情的一件事。

◉宗教帶來平靜與信心

當我在加護病房中，我自知病情危險，不敢入睡。因為害怕睡著了，就會一瞑不視。而人在衰弱時，睡著的情況也與平時不同。只覺得周圍是一片黑暗和靜寂，是不是死亡就是如此？我不知，可是那種黑暗與靜寂確實令人害怕。我想，人們尋求宗教的安慰，一定和這分恐懼有關。

病中，身體上最大的痛苦莫過於不能洗澡。連大便都要解在床上，由別人來清理。將近三個月的時光，儘管說每星期都會擦身，但擦身與洗澡是不同的。二個多月來，自己身上的氣味，自己都聞得見。那時候，眞覺得這是一副臭皮囊。等到我回家後，能夠站起來，特別護士幫我洗了個澡。坐在用慣的澡盆裡，心裡的快感眞是不可形容。洗完澡後，所用的寢具已完全換洗乾淨，那眞是美好。

日本的較大醫院中，有給人洗澡的設備。病人睡在一張漏水的床上，推入洗澡房，上面有熱水沖下，護士們幫你洗頭、洗身體，一點都不馬虎。洗乾淨後，連床推出，擦乾後，送回原病房。大約每星期洗一次。你也可以要求多洗一次。這個制度非常值得介紹。

我在前面說過，宗教在人陷入困難、絕望時，撼動人心的力量極其強大。我在榮總做第三次胸腔手術前，宋時選兄因骨折住在我的鄰室，宋太太是虔誠的基督徒。手術前一天晚間，她到我這裡，叫我和內人併排坐在一起，她用兩手握住我們的各一隻，跪著替我們禱告，情意眞摯。我不是那種感情脆弱的人，仍然爲她感動得淚承眶睫。我相信，冥冥之中，自有神明，只是我太懶，不能有恆的撥出時間，去履行宗教的儀式。可是我是從心底相信基督教的精神；可是我又同時相信佛家的清淨容忍。我由於自幼所受的薰陶，雖非佛教徒，但心向三寶。就在這矛盾中，我衷心信奉基督教的精神，也同時自許爲佛門弟子。幸虧佛教和基督教不曾有過戰爭的紀錄，不然我眞不知該站在那一邊。

◉酒客豪氣今消逸

我從六十九年發現腎癌後，迄今十一年，經歷了一連串的辛苦，把已由腎蔓延至肺、肝和脊椎的癌腫一一消除。來日如何我不知道，但至今我還在這十丈紅塵中，以上帝給我的餘年，照顧我所關愛的人，也享受我享受得到的有生之樂。也許我的餘年無多，但我既不憂愁，更無焦慮，一切聽從冥冥之中我所看不見的神，給我的安排。現在我每天照舊讀書，照舊寫作，偶然出遊，或與親友小聚，只是我已不再多飲酒。年輕時曾爲酒中豪客，現在雖非涓滴不入口，但當年豪氣已消逝得無影無蹤。

這一場病給我帶來另一個生活的境界，那就是我徹底變成名利場中的局外人。經過這麼一場病，而且也知道不定何時病魔會再來攻擊我，名與利的追逐，對於我已經成爲可笑之事。只要健康能勉強維持，衣食溫飽，此外眞的別無所求，也無所羨。假如我能夠以這樣平靜的心情，再生活十餘年，看著我鍾愛的孫兒女長大，與愛妻攜手同歸便已心滿意足。那時候我一定是含笑離開人間的。

第八章◎旅人之思

20 訪中非及高棉

從一九六〇年起，迄一九八八年，我因公旅行不知多少萬里。除東歐共產國家以外，大部分歐、亞、非、美、澳洲國家多已親歷。而我對旅行饒富興趣。辦事之餘，常設法走訪未曾去過的地方。見過許多令人歎賞的事物，自然也見過許多令人氣短的現象。尤其是各地方不同的人與文化，值得記述者甚多。擇其曾令我感動的見聞、事物，記述如次。

五十九年十一月及六十年十月，我率團訪問了兩個即將淪亡的政府：一個是最近又和我國恢復鄰交的中非共和國。我去後，總統卜卡薩被推翻，被囚於外國。另一個高棉，則在我去過不久之後就亡國了。

訪中非之行由於卜卡薩於五十九年先來訪問我國，我國待以上賓之禮，由台北而高雄，一路浩浩蕩蕩，十分光采。他帶著一名年輕的女祕書，德國人，英語流暢，關係親密，到高雄後，還要找女人。結果接待人員爲他找來一個風塵女郎，一夕姻緣，他回國後便要求我國把這名女子送去。這個人就是有名的卜卡薩的中國太太。

卜卡薩臨走，要求我們派團去幫他看看有無可以在經濟上幫忙的地方，十月間，政府派我乘訪問象牙海岸之便去一趟，團員有程福鑄兄和趙良兄。

十月底，我們乘法航機經尼日首都*Niamay*和上伏塔首都*Ouagadongou*去中非。這些西非地方原來是法屬赤道非洲殖民地。二次大戰後，名義上都獨立了，事實上還在法國控制之下。例如由甲國到乙國，儘管是鄰國，還是要飛往巴黎再回頭去那個國家。所有西非諸國都用法國西非銀行發行的西非法郎，當時對美金是二七〇比一，各國都沒有自己的貨幣。

象牙海岸首都名阿必尙（*Abidjan*），號稱「小巴黎」，人口三十多萬，市況不差。我住的旅館叫象牙旅館，是國際五星級的，但象國一九七〇年發電量只有四千五百萬度，合當年台灣發電量十四億五千萬度之百分之三。今天更不知距離多遠了。到達之次日，我去象國第二大城*Bouake*慰問農耕隊。此城有人口十多萬人，農耕隊長周來宣先生招待殷勤，晚上吃了一頓極豐美的中國飯，一位隊員李先生說我的頭髮太長了，還爲我理了髮，手藝極好。原來當地服務業欠缺，隊員們個個都練成了各種絕藝。

經阿必尚到*Bouake*有四百公里，既無野獸，亦罕人煙，是眞正的蠻荒之地。路上極少車子，所以開得極快，這就是去非洲的人常遇車禍的原因。

◉城鄉差距天淵之別

乘停車之便，我探頭去看一家人家內部，一間土屋，沒有門，沒有窗，沒有任何傢俱或用具，只有一片地方塾高了三五寸，那就是床。拿它來與我剛離開的象牙旅館房間相較，一個是在初民蒙昧時期，一個已經是二十世紀，這樣的國家眞難想像如何治理得好。不過，很不幸，在中國大陸，新建的沿海大城新旅館與西北窮鄉僻壤的人家，距離怕也差不多。

在*Bouake*住一夜回象城，再次日（十一月三日）清晨乘*Air Afique*的卡拉維爾式的小飛機去班基（*Bangui*），下午四時到。廖仲琴大使及中非工業部長拉哥埃來接，下榻薩法瑞旅館（*Hotel Safari*）第十層。那一層全樓是一個貴賓室，有臥室、客廳、廚房，還有一間工人值勤室，有人二十四小時值勤，下面有禮車二部備用。班基城建於都班基河

(*Dubangui*)河畔，這間旅館更位於河流彎曲處，對岸是金夏沙剛果。河上有些獨木舟，都是用一大段木頭剖成兩半刨空而成，有些土人全裸著在河上捕魚。

卜卡薩是個暴君，他有一個大農場，距班基城八十公里，由我國農耕隊指導，農場的雞常被偷，屢禁不止，他把偷雞的人抓來，親手割掉他的耳朵。從此沒人敢再犯。

十一月七日，他請我在農場吃午飯，乘小飛機。他的私人機隊有二、三架DC3，還有一架八座小型法製噴射機，農業部長原定九時與我同行，直到十點多才來，沒有任何歉意。飛行十五分鐘即達*Bobangui*農場，內有一小型飛機起降跑道，一只小型發電機（班基全城電力裝置容量不過一萬千瓦），卜卡薩所居爲一巨宅，高牆圍繞，那位隨他去台北的德國小姐便和他住在裡面。她和我們用英語閒談，隨處流露對當地人的不屑之情。她以一個實際上的妓女而如此賤視她主人的民族，令人駭異。

午飯自二時開始，直至五時半。廖大使和我們說，若是散得太晚，我們的飛機不能夜航，需在此住宿一夜。主人可能給我們每人配給一個黑姑娘。我們的團員都說不行，結論是如果確有此事，我們會讓黑姑娘睡床，我們睡沙發。幸虧五時半吃完，我們就離開了。

◉現代與原始共存

卜卡薩要我們去參觀他的工業建設，那是以色列人代他建的一間陶瓷工廠，未開工（簡陋到根本不可能開工），希望我國送一家「鋼廠」給他們。我問起原料來源，工業部長帶我去看市內一處堆放空罐頭、各種廢鐵的地方，大約有一、二噸的廢鐵。我說，這個不夠開工廠。我們又去找電廠工程師（一個法國人），他表示，班基的電力漸感不足，即使全部不用電，也供應不了一個電熔爐。我把實情告知卜卡薩，他大大生氣，說你們和白人一樣，就是不肯幫我們的忙。

其實黑人中不乏優秀人才，有一位礦物局長是法國訓練的，單人匹馬作地質調查，資料整理得井然有序，知識豐富，語言明晰，只可惜這樣人才太少了。

在非洲十天，看到了世界上不可形容的落後，但各地領袖們所注意的乃是建設新旅館、新機場、新城市，使高級人士能過與外界相似的生活。沒有人想到過這些「建設」與鄉下原始的人民毫無關涉。像這樣下去，再過五十年，非洲鄉下仍然是原始的。

次年九月二十五日，我又奉派去金邊，其時赤柬兵力已很強，金邊看來已無救。我被招待住在政府的賓館，這裡原來是法國總督的官邸。房中書桌上放著一本招待前些時來此訪問的越南總理*Tran Thieu Khiem*的日程表。這些東西還不收走，柬人懶散程度可想而知。

金邊古稱「百囊奔」*Pnom Penh*，是由城中一座小山得名，柬語*Pnom*是山，*Penh*是一位老太太的名字。她造了山上的一座塔，轉過小山有一間酒吧用中文寫著「塔山酒吧」。我們一團下榻之處就在洞裡薩河（*Tonle Sap*）岸邊，對岸便是戰場。晚間照明彈時時擲下，砲聲有時會震得玻璃亂響。

我國駐柬代表團團長是董宗山大使，還有軍方的楊清鏡將軍、情治方面的張德勳、胡德成二上校，大家對代表團照顧週到，令人感念。我曾和董大使說：「老兄，你可得眼明腿快。」足見形勢之不佳。

柬方派出招呼我們的是曾任商業部長，現為總統特別助理的篤金先生（*Touch Kim*），他是潮州人，潮州話說得好。我的任務是簽商約，過程之順利從未經歷過，僅花了不到一天的功夫，九月三十日中午就把約簽了。

當時在金邊，任何人如能募到一、二百人就可報請國防部給番號，編成一營（編制定額是六〇七人），發餉發械。這使我想起太平天國時代，我國曾胡左李的募勇狀況，一定也和這差不多。馬路上什麼軍用品都買得到，據說軍服一套美製賣三五〇柬元，台製三〇〇元，韓製二五〇元，手榴彈每只十元。柬元叫做*Riels*，黑市匯率約一美元對一五〇柬元，折合美元時，十五只手榴彈才賣一美元，眞是便宜得不能相信。

◉多久趕上台灣？

柬國華商有潮州人、客家人、福建人、廣肇惠人、瓊雷人等五幫。如上院議長翁辛*Oun Sim*是福建人，大概原來姓王，工業部長*Khy Tim Lim*也是福建人。龍諾的父母來自福建，但他和他的弟弟龍努長得都不像中國人。九月十九日去見龍諾，由辦公室主任干淨將軍引導，經歷警衞森嚴的一條路，上午十時許見到。龍諾很高大，並不太胖，中風後起立困難，但我進去時，他仍勉強站起，侍從們要去扶他，被他揮退。據說他原來不能動，中醫吳惠民用針灸將他治得可以站立。

龍諾對台灣的經建成績極表羨慕。他詢問我，柬國要多久才能建設如台灣一般。我說這要看戰局能否迅速平定，以及人民的努力和政府的領導情況而定。他接口說十年夠不夠？我說大概不夠，他就沒話說了。類似的話我曾被若干拉丁美洲國家和非洲的人問過，似爲在賴索托和尼加拉瓜。我實在沒有答案，但十年絕對是不夠的。這和毛澤東當年「十五年內超英趕美」是一樣的無知。

金邊博物館中有一個青銅鑄的佛半身像，約二公尺七×二公尺半大小，是一次鑄成的，在台灣我們還不可能一次鑄造如此大件的青銅像，可見柬人古代文化極輝煌。據說吳哥窟（*Angkor Wat*）遺跡當初是一個三百萬人口的大城，更非今天消沉的柬國人所建造得出的。

自我離開金邊後，不到一年，赤柬席捲全國，柬人遭遇了現代人類史上所未有的凌虐，當年招呼我的那些人想必都已不在人世了。

21 越南

談旅行見聞而不涉及越南是不行的。

越南與中國文化淵源極深。但八、九十年來法國與後來的越南新一代的領袖們則不喜中國文化。我在一九三八年經海防入雲南時，還曾見過私塾在教中國的四書。一九六〇年代後期起多次去越南西貢，大部分越南青中年人只能稍識之無，不懂漢文了。不過他們也不能完全離開漢文，有人把吳廷琰名字釋爲吳廷「艷」(*Diem*)，越南人會告訴你這是錯的。吳廷琰訪華時，在台北賓館聽簡報，自己記筆記，寫的就是中文。

西貢的博物館稱爲「寶藏院」或「院寶藏」。門口懸一對聯「南天國粹千秋在；越地物華萬古存」。這「南天國粹」四字有很深的中國文化意味。院內當年曾藏有一幅趙子昂的工筆風景畫，不知眞假，若是眞的，價值連城。越南人保管態度很隨便，想來不是眞的。浩劫之後此畫亦不知尚存否。

越南的地名、機關名、人名都有漢字，只是不寫出來。如我國駐越經參處在*Hong Thap Tu*，漢字是「紅十字」。越南語將形容詞放在名詞之後，外交部稱「部外交」，移民局稱「署外僑」，社會部稱「部勞動」，越南銀行寫成「銀行國家越南」。我原以爲是受了法文影響，後來才知道越南本地原有語言就是這樣。大抵越南本地語言與中國南方方言似相近，發音、用語似介於閩廣之間，但不可列爲中國方言之一。它是另一種語言，但文字則完全用中國文字，與日本在通海之前已兼用漢字與假名的情況不同，而略與韓國相似。我曾見過韓國古代書籍如李朝實錄，全用漢文。西貢寶藏院內的古籍不管什麼書全用漢文。越南之爲中國一部分比兩廣還早，自然影響深遠。但越南人對舊中國印象並不佳，越南的民族英雄都是與中國作戰的人物。

越南人的名字譯爲西方文字時，取最末一字爲姓。這是因爲越南幾個大姓幾佔全國之半。若用姓，則同姓的太多了。

◉貧困貪污人力難迴天

一九七〇年代初，我國發展一種雙雜交玉米種籽，稱爲「台灣五號」，小面積精耕時收穫量每公頃可達八噸，大面積種時僅得三噸至三噸半，在台灣不敷成本。一九七三年，我與越南經濟部商妥，用這種種籽以一比八比率交換玉米。在隆慶地方試種，成績極佳。當地農民一看見「台灣五號」就搶著要。阮文紹總統親自介入此事，要求第一年不要交換，以濟越南糧荒，第二年再如約以一比八交換。我國也答應了，但越南不久就淪陷了。

在辦理此事時，我數次到越南鄉下，才知道那個國家貧困貪污到什麼程度。是那種貧困，使得人民覺得生不如死，不如冒險造反；是那種貪污，使得越南人民對政府毫無敬意。其實越南與高棉的人民誠樸溫馴，比印尼人善良得多。

在一九六〇年代後期，越南終將敗亡的形勢已十分明顯。爲什麼美國人還評估不出，依舊添派軍力，自己將必輸的賭注加大，我至今不懂。美國人的特務工作眞的做得十分深入，但精於細節而忽於全面的衡量，在不必要的地方浪費國力，這一點若與英國當年以彈丸之地控制小半個地球相比，眞是差得太多。

一九七〇年春我去越南，住在卡拉維爾飯店，晚飯後出來想買一只相機，朋友們帶我到一家賣私貨的地方，房子十分簡陋，賣貨的越南人拿一只當時十分新式的佳能F一．二鏡頭的相機給我，索價大約是香港價格的六、七成。我懷疑是假的，越南人爲此十分不滿，從凌亂不堪的床下拖出一個大紙箱，至少有三十只同型的相機，全是簇新的，他用不錯的英語說，這全是這幾個星期內PX裡出來的東西，絕無假貨，我也就買了一只。我想，軍紀敗壞到如此程度，這場戰爭的勝負已經決定了。在越戰後期，西貢和堤岸市面上充斥著PX的東西，連婦女用品都有。這場戰爭實在打不下去了。

越戰後期，在一次酒會上看見過「第一夫人」陳麗春。她是吳廷琰的弟媳，吳廷瑈的妻子。吳廷琰未結婚，所以總統家務由弟媳主管。對大伯弟媳之間風風雨雨的傳聞甚盛，我當然不知眞假，但傳說很多，而且有些是越南官員說的。吳廷瑈是特工頭子，權力極大，「第一夫人」長得很矮小，裝扮得太過，反而遮掩了她的美麗，其實她是相當漂亮的。她很喜歡在公共場合出現，酒會中那些閣員們對她的畢恭畢敬，令我想起台北政要對我們的第一夫人的態度。

越南吏治之壞，軍紀之荒唐，記述已多。若非如此，以越共裝備不良的武力，想抗拒百萬政府軍與三十多萬訓練精良的美軍，焉有勝算。越南亡於政治腐敗是極明顯的，可說幾乎是大陸陷共故事的重演。華府的戰略家們不深入檢討此一事實，只不斷的添兵增餉，結果徒然造就更多發國難財的人，且加深人民的怨憤。美國沒有政治家眞是世界的不幸。

◉美軍軍紀敗壞

在越南共黨叛亂初起時，確實只是由北方滲透到南方的北越共黨，南越土共不多。假如在那個階段南越就修明政治，共黨可以說一點機會都沒有。幾年之間，由於政治腐敗，貪污深入到每一階層，南越局勢漸漸惡化。此時美國介入。美軍介入的態度是直接參加作戰，不是從旁協助越軍。直接參戰發生的問題太大了。由於美軍生活要求高，在戰場上形成兩群生活完全不同的人共同作戰。美軍下級部隊指揮官對部隊各種違法的事完全沒有辦法，或者是故意不管，總之，變化的結果是美軍的殘暴情況不算太兇，但貪污不法則令人難於相信。美軍本身軍紀敗壞得漸漸像落後國家軍隊，不像先進國家的軍隊。當時有一支人數不太多的韓國軍隊在越南，他們比美軍兇得多。失蹤一人會殺死若干越南人，但他們的紀律比美軍強。因此，韓軍駐地較為安靜。

我不知美國的祕密檔案中怎麼說，但我絕對相信，美國在越退兵與軍紀敗壞有極大關聯。到越戰末期，越南以外的亞洲投機者已逐漸到越南去，勾結越南的政府與美軍人員，從事不法勾當。美國政府無力清除貪污與殘暴行為，又無力阻止新聞媒體人員報導這些醜聞，像有名的美萊村屠殺案就是美國新聞媒體揭發的。越戰若再延長下去，美國政府將在國內選舉上遭逢大敗。

越南土地的富庶令人羨慕，在那樣的戰亂之下，越南沒有太嚴重的饑荒，只要戰爭稍停，農村立刻就能復甦。這麼富庶的土地，在共黨治理之下，會變得食物不足，經濟完全停滯，實在令人詫異。而當年不惜自焚抗議，或冒生命之險參加示威與反政府活動，支援越共的越南知識份子今天也一定悔恨得要死。這和中國大陸的故事一樣。人們不喜歡貪污的國民黨政權，轉而支持共產黨。等共產黨來了之後，原來比國民黨更糟。

在歐洲與北美，幾乎每一次政變革命，或政治體制改革都帶來了進步。在亞洲，革命與體制改革通常都只帶來長期的痛苦。迄今為止，除了日本和新加坡的改革以外，亞洲還沒有通過革命或政治體制改革達成政治明顯進步的例子，原因何在，耐人深思。在中國的大動亂之外，越南、高棉、伊朗、緬甸，甚至印度，都跳不出這個規律。為什麼？是不是亞洲人的文化水平或社會紀律還不曾進化到足以推行理性的政治體制改革的程度？我以此質疑結束我的記載。

22 歐洲文化遺跡

大家都去過歐洲，現代歐洲人，特別是西歐、西北歐人辦事之井然有序，城市之清潔，社會秩序之謹嚴，比我們好得太多，無從比擬。我所最感動的，還是從歐洲古文化遺跡中所看到的歐洲文化早已超過我們甚遠，以及歐洲一般平民生活之樸素、清潔、守法、盡職。

先說歐洲古文化遺跡。除希臘的神廟盡人皆知以外，從西班牙、意大利直到法國、英國，鄉間隨處可見羅馬時代建築遺址和大批年代在三、四百年或更長的精緻堡壘。我們到那裏去找秦漢建築遺蹤？

前不久，大陸考古學家發現唐代九成宮遺址，七十公尺寬，十公尺深，總面積不過七百平方公尺，以坪數計，僅僅二百坪稍多而已。今天北京故宮的大殿，照片很多，像正大光明殿寶座之前空地只有十來呎，能跪多少官員聽訓呢？名傳百代的九成宮只有二百坪也就不奇怪了。

我國古跡若與歐洲相比，相差實在太多。遠古如漢唐暫置不論，近三、四百年的歐洲建築完整保留的不知多少。我且記德國的霍登堡*Rothenburg o. d. Tauber*和英國北部小城徹斯特*Chester*。霍登堡在今天德國中部，法蘭克福附近，是法令保護的古跡。全城房室街道除內部裝修外，不許改建，如欲修理，亦須照原樣修繕，不得改變。全城是石子路，住家、商店、公共建築與四百年前無異。而街道整潔，下水道、給水管系統皆已完備。就當時標準而言，街道可稱寬廣，可容馬車對面交錯。房屋建築雖不豪華，但一般民居乾淨敞亮，地面石片鋪砌，比我國舊式民居好得多。我兩度往遊，都在城內飯店吃飯。餐具古樸，相信是仿當時用品製作。

德國人食物簡單，菜式無可稱道，但置身餐館中，頗能令人發思古之幽情。我國鄉下城市若原樣保有時，其髒亂擁擠就能令人卻步。剛消失不久的鹿港「不見天」就是擁擠紊亂的標本。而歐洲鄉下農舍亦多清潔可住，不止當時的城市為然。我一遊英國的徹斯特城及英國北部的湖泊區，即有這才是文明世界的感覺。

◉自尊而訓練良好的西方文化

倫敦向北，經過曼徹斯特大工業城之後，即逐漸到接近蘇格蘭的湖泊區。我去作四日遊，都住在農民家裏。當地農民將餘屋出租給觀光客，供應一宿一早餐，稱為*Bed and Breakfast*或*B and B*。借住方式為先到村鎮上的觀光局服務所，說明幾個人，要幾間單人或雙人房。我與小兒夫婦和媳婦的母親、姨母同遊，五個人倒要三間房。每至一處，觀光服務所的人便四處打電話問那一家可有三間房的。找到之後，便畫一張地圖給我們自己開車前往。當時物價便宜，每人六鎊，據說現在需十鎊，仍然很便宜。到處衾枕清潔，主人禮貌高雅，知識頗佳，自然絕非我國大陸鄉下農民可比，即台灣、日本鄉下農民也比不上。洗澡另加一鎊。凡欲洗澡者先向女主人說明，排次序入洗澡房。每人洗後，女主人必先清理浴室，換上新毛巾，井井有序，我所到之處，家家如是。床鋪簡單，有時僅一帆布床而已，但枕被都洗得十分乾淨。早飯時女主人先問客人吃什麼，蛋是如何煎法等等。通常有大片洋火腿、兩只蛋，果汁，甚至還曾嘗過家釀的啤酒。女賓都去幫忙做早飯，男賓則天南地北的閒談，我同行的親戚是日本人，視此為當然，我則有點詫異。

同樣付六鎊錢，女賓還要勞動服務。

早飯餐具和英國所有的鄉下地方一樣，古樸、厚重、清潔。主人和我們一道吃，餐桌禮貌甚佳。你無法不感覺這是一個自尊且訓練良好的民族。我所見的那些農民與我們大陸鄉間農人實有天壤之別。要趕上這個差距得花多少年？多少力氣？我們這個民族那裏還有搞什麼政治運動的時間與精力？可歎大陸政權迄今「死不悔改」，根本不知道我們民族文化已衰落到什麼地步，和先進民族國民品質的差異有多大。

在歐洲旅行愈多，愈了解西方文化之超越我國不自通海始。從一千多年前西洋文化遺產看來，我們這個民族已落後得太遠了。

23 歐洲的日耳曼人問題

歐洲人分為條頓人、拉丁人、斯拉夫人三大系。中世紀以後，一直以條頓人最為強大。而條頓人中又以日耳曼人人數最多，社會組織最嚴密，經濟最強盛，文化科技最發達。二次大戰後，德國被割裂，許多德語人和德語地區被劃入他國。當德國再度強大，而其他各國包括蘇俄與法國相對衰弱時，德語人的問題會再一次成為歐洲動亂之源。儘管二次戰後，德國曾承諾德波邊界是永久的；而東普魯士在超強蘇俄統治之下，一點反抗的機會都沒有。但歷史是活的，蘇俄的弱化與民族分裂業已開始，波蘭的軍經實力根本無法自衛。將來會發生什麼事，誰也不敢預料。

散居德國境外的德語人，除波蘭西境和俄國的東普魯士之外，還有整個的奧地利、捷克的蘇台頓區、瑞士很大一部分等等地方。當東西德合併的工程完成之後，德國會更強大，對境外德語人的吸引力會更明顯。不可忘記，德國的海外移民，除了在美國是與其他民族完全融化成一個新民族之外，在別的地方，雖經過數代人，其對德國人的認同感一直存在著。在智利和阿根廷南部的德國移民此一傾向特別明顯。

在歐洲，一個統一興盛的德國，一個開始衰落的俄國，和許多無力自衛的小國林立於四週，這形勢像極了本世紀初的歐洲。不同的是西歐已經有了統一市場，降低了德國經濟獨大的形勢，而蘇俄不管如何衰敗，它手中的核子武器是無人可以藐視的。在這個形勢之下，西歐的日耳曼人問題會不會爆發成爲政治爭端，是今後二十年歐洲的大事。

24 滑鐵盧

我在歐洲，往往對歐洲人辦事謹嚴、專注的精神由衷感動。遊滑鐵盧古戰場便是其中一次。

相信很多人到過這個地方，但我感受強烈。

滑鐵盧是個小鎮，出鎮五分鐘即是當年古戰場，一片平原，利於騎兵作戰。路邊有一所舊農舍，是當年英軍野戰醫院，再走一小段路便是拿破崙的司令部。這位叱咤風雲的名將當年就在這低矮的農舍內指揮十萬大軍，力敵英奧比荷普二十萬聯軍，幾乎勝了。

◉滄海桑田但求史實

在路的另一邊是有名的壁畫館。這幅畫是在滑鐵盧戰後九十九年的一九一四年七月完成的，畫家是一位法國人。他為了畫這張畫，曾精研戰史，力求一切都合於史實。例如有名的小說孤星淚（LES MISERABLES）中曾提到戰場上有一條小溝，滄海桑田，今天的那一片地方是一片平原，沒有小溝。但孤星淚作者雨果曾在此村莊住過多年，精研歷史，而且寫作態度十分謹嚴，不可能有錯。所以畫家在那個假定是溝的地方畫了一條似溝非溝的窪地。

畫長一百二十多公尺，連爲一圓幕，張在展覽室內，不設人工照明，房頂中央用玻璃作頂，天光自然的照在畫上十分巧妙。

人站在畫中，凝目四望，如處身當年戰場之上。畫的前面又用土、石、破碎盔甲、死馬死人的模型堆集著，佈置得如此逼眞，使觀者根本分不出那裡是畫，那裡是實物。我們四、五個人去，對於那一根籬木是畫的，那一根是配景，各有不同觀察，其逼眞可想而知。

在畫中，拿破崙騎著白馬，站在遠處法軍方陣之前，面目雖不可見，但英風颯爽，一百五十年後仍舊氣概逼人。英軍統帥威靈頓公爵率眾死戰，抵禦著如山崩海嘯壓頂而來的法國騎兵，已經快要全軍覆沒，遠處，決定勝負關鍵的重新編組的普魯士漢諾威軍團正急速的向戰場前進。

這幅畫的景是一八一五年六月十七日正午。在此以前，拿破崙自厄爾巴島逃出，重行召集了十萬大軍，連敗普奧匈軍隊，直逼布魯塞爾。此時，英奧普聯軍近二十萬人與法軍在此遭遇。上午九時，拿破崙下令對聯軍主力的英軍攻擊，威靈頓公爵誓死不退，法軍騎兵猛烈肉搏，畫上一小隊盔甲鮮明的法軍衝入英軍陣內，短銃口冒著煙，刀上滴著血，有人胸前中彈，面上露著死前的痛苦；有人正舉著刺刀，即將刺入敵軍的胸腹。死馬、斷槍、鐵盔，散落在叢草中。那是一個歷史的時刻，如果重整旗鼓後的漢諾威軍團遲到一小時，英軍必已全軍覆沒，法軍挾戰勝之勢，不難盡殲普軍，統一歐陸。那麼十九世紀後期的世界史會是什麼樣子，誰也料不定了。

下午三時，普軍投入戰場，英軍士氣大振，法軍寡不敵眾，六時，全線崩潰。拿破崙單騎出亡，八時被聯軍再度俘虜，被困於聖海崙那島上終其餘生。

這幅畫不但技術非中國畫所可企及，畫家考證之精詳，尤令人敬佩。

◉只重神韻，不求神似？

我參觀這幅鉅作之後，第一個想法就是它比我們的清明上河圖在技術上差距太大了。我們的國粹主義者爲國畫辯護時都以中國畫講究神韻，不求神似爲解。但畫這種寫實畫非求神似不可，否則如何表示當年實況。我們的清明上河圖已是摹本，畫太小，不足表現細節，人物無細緻表情，是一種簡單的畫，若與滑鐵盧名畫相比時，個人的感覺有如拿北平的故宮與羅浮宮相比。我們的故宮佔地極大，比例上大得驚人的屋頂在照相中顯示強烈的威嚴，但內部實在粗糙。即使是皇帝的正殿，也只是方磚鋪地，沒有什麼裝飾。像羅浮宮裡以百計的精銅浮雕或樹立在外的雕像，故宮完全沒有。我知道我這麼說會引起許多人的反感，但我們的畫家有誰曾爲了一幅歷史畫，花費多少年月的考證時間，而且畫得那麼逼眞？張大千先生畫過一幅慈湖圖，一大片濃綠之中有一個半露的舊式房頂，台灣像那樣的房頂以萬計，何能表現慈湖專有的靜穆與風貌。日本東京皇居外苑有一個聖德畫像館，畫了明治一生的重要事蹟，每一幅畫都明確地爲明治而畫，我們的大師在慈湖那張畫上的表現，不但比不上西洋名家，抑且與日本畫家大有距離。

25 非洲黑人

作爲同受白種人壓迫的東方人，我們中國人當然不該對黑人有種族歧視。但是，讓我們捫心自問，那一個中國人眞的對黑人沒有一絲一毫的歧視？

在美國的中國人對黑人印象如何，大家心裡有數，不必去談它。我要說的是我旅行黑非洲對所見眞正黑人的感想。

所謂黑非洲是指撒哈拉大沙漠之南，南非之北的那一大片地方。這塊土地大致可分爲東非、西非和赤道非洲三個區域。西非人膚色較淡，長得較醜，下顎和嘴明顯突出。東非的人十分黑，但長相較勻稱。赤道非洲人民很黑，長得不錯，文化水準比東西非更低。

我不知道黑人的天生智力是否較低。當然，公開的場合無人敢說黑人智力低，但私人場合中持此看法的，特別是在非洲的白種人與東方人之間，怕也不少，這是老實話。

我去非洲次數不多，雖然東非、西非、中非都去過，停留時間不夠長，無資格作判斷。從浮光掠影中得到的浮淺印象是，黑人最大的問題可能是文化而不一定是天賦（雖然我也不敢說有無天賦問題）。

舉例而言，我去中非訪問，卜卡薩待我以國賓之禮。住在撒法利旅館（*Hotel Safari*）的頂樓。那一整樓是個招待所，有工人二十四小時值勤。我打開一瓶酒，第二天必被偷喝光。我問工人，語言不通，他只是嘻嘻的笑。因爲在他們的文化中，「你的」、「我的」界限根本不分明。那麼好的酒叫我不喝，怎麼行呢？

我認識的一位香港朋友在象牙海岸開廠。他說，非洲工人不懂得尊重時間，要耐心地教，而發薪的第二天，缺工率一定很高。所有的朋友一致承認非洲人學習能力不差，但耐力不好，紀律散漫，倫理觀念與他人不同，做工時忽然感到工作意願沒有了，會立即丟下就走。這些都是文化問題，不是秉賦問題。但純黑人外交官子弟在歐美長大受教育的，也少有優異之士，却也是事實。

黑人的另一痛苦是長得太與眾不同。我不敢說他們太醜，因爲醜與美是社會的主觀標準。夏威夷土人以痴肥爲美，我們不能以我們的美醜分別來判斷黑人。但非洲人自己選美却也選出讓我們覺得比較順眼的人，可知他們的醜與美標準也與我們的相差不多。

黑人，一般而言，在我們眼中很醜，又有特殊體臭，這些令黑人自覺不安。白種人也有體臭，但他們愛乾淨，又有各種防臭化粧品，問題不大。

◉被遺忘的非洲村落

從一切的跡象看，我所去過的黑人國家，沒有一個政府在認眞的改良其內地生活環境，改善民族品質，而多把大筆金錢用於城市建設。蓋機場、觀光飯店、好公寓，開根本無客貨可供運輸的高級公路等等。沒有一個國家去各原始部落裡辦學校、醫院，教化人民。於是，優秀的黑人受教育的一代全都留在城市裡，或移民外國，不能返鄉建設。我在非洲鄉下旅行，車行數十分鐘很少看見村鎮，而小的村落中，生活狀態完全是原始的。我不知道他們的政府如何收稅，如何宣達政令，因爲在鄉下，稅局看不見，宣達資訊的設施也全都沒有。黑非洲鄉下距離現代生活太遠了，不從根做起，單單建設幾個城市，對整個民族的品質提昇可說是貢獻有限。但黑人國家對此有醒悟者不多。

總括來說，在今天的環境下，非洲黑人既非優秀的工人，又非勇敢的戰士，更不是傑出的工商人士或學術研究者。而非洲這個地方又多病、多蟲，天氣炎熱，水源缺乏，人口增殖若過多，破壞了水土保持，這一大片土地將停滯在原始落後或混亂之中，是人類的大悲劇。但如何推動黑非洲進步，誰也沒有答案。非洲還有他們自己的種族問題。此一部落與另一部落完全不能相處，另有一大群阿拉伯人住在非洲，除了衣著以外，我們實在看不出他們和黑人的不同。但你得小心了，他們可不承認是「黑人」，他們是「阿拉伯人」！不過正牌的阿拉伯人，如北非的阿爾及利亞人等却又不甘願接受他們也是阿拉伯人的說法。我不知道那些散居非洲多年的黑色阿拉伯人（除蘇丹人以外），所採語言是否已經變質而與北非、中東的阿拉伯語不同，但他們確實仍使用阿拉伯文。看他們的外貌，顯然已與當地黑人通婚甚久，他們仍以自己的阿拉伯血統為榮。這一批人是否就是當年乘月黑風高之夜，突襲黑人村莊，擄劫黑人運往美洲去賣的奴隸販子的後代呢？我的非洲歷史知識有限，不知道了。

現在南非索威托的黑人暴動，便有祖魯族與他族黑人的血腥殺戮。祖魯族人是一個好戰的部落，他們用長矛征服了其他部落，傳統上有一份自傲。類似的部落仇視，在非洲隨處可見。

在羅德西亞政權轉移之前不久，我在去倫敦機上偶然地結識一位羅德西亞的英國人，他頭腦非常清楚。我說，黑人接管羅德西亞政府後，如何維持今天的行政效率和經濟繁榮？他回答得很乾脆，說他們不能，因爲沒有那麼多受過訓練的人。我說，那又何必要求接管如此之急迫呢？他說，我想你若在富裕家庭的傭僕和貧苦的勞工之間作一選擇，你一定會選擇勞工的職業。我不能不承認他是對的。他告訴我在羅德西亞的英裔人不希望離開，但如果有無政府狀態出現，當然要跑，現在那裡情況不知如何。

◉非洲大陸亟需敎化

黑人的進步，非洲的開發，問題太多。迄今爲止，沒有一個黑人自己統治的國家有出色的表現。教育是非洲最迫切需要的事，但整個黑非洲却沒有一間像樣的大專學校。國民教育在許多地方根本就不存在。可以讓外僑子弟就學的良好的中學，似乎也沒有。語言更是一大問題，非洲人語言複雜，最通行的一種是斯瓦希利語（*Swahili*），也只是口語，要轉變爲可以著書立說，傳授知識的工具還不行。要教育當地土人，首先得創立一種可用於著書教學的文字，否則就得用英語或法語。這可是一件極其繁重的工作，黑人教師不足，肯下鄉去部落中終生從事教育的恐怕更少。沒有這一份教化工作，黑非洲的進步便難期望。

考慮到這些狀況，個人對黑非洲能在一個世紀內建設一個繁盛開化社會的前途，實在是十分悲觀的。

若有人問我，你對黑非洲前途如此不樂觀，將來如何解決黑人問題呢？我的想法是，黑人當然會漸漸覺悟，覺悟之後，致力於教育與文化，同時由於科技進步，整個大陸會漸漸變爲可以開發的地方。例如海水淡化如果變得更便宜，非洲可以居住和農耕的地域會擴大；小型機空運成本更便宜時，非洲孤立部落的交通可獲改善，無須投資建造不經濟又難維護的鐵道或公路。但這些都不是二十一世紀的事。

26 印第安人

我旅行甚廣，什麼人都見過：澳洲荒原裡會追蹤的土人，紐西蘭百十年前還吃人肉的毛利人，中非叢林中的石器時代黑人，南非的布許人（*Bushmen*），新幾內亞的南太平洋黑人……我都見過，甚至還嘗過一些他們的食物（這當然需要勇氣）。沒有一種人給我以對中南美印第安人那種震撼人心的印象。印第安人的文化太特殊，許多事情太難以解釋，白種人的趕盡殺絕又使得文化遺跡存留得太少。對於這一個悲劇民族，我是充滿了好奇與同情，所以一有機會就去看印第安文化遺跡。

首先令人不解的是他們的來源。根據理論，整個西半球的印第安人（包括北美的）都是古代白令海峽尚未裂開，北美的西北角與亞洲的東北角陸地相連或相近的時候，從那裡來的蒙古族獵人的後裔。換句話說，應是北亞洲人的後裔。

這個理論被相信了數百年，然後有人發現南美印第安人有一些文化特徵與南太平洋古代獵人相近，例如使用吹箭獵獸。於是有一種新的理論說，數千年前，甚至一萬多年前，某一個風雨之日，若干南太平洋海上捕魚的男女，被風吹到了中南美某處海岸，登陸之後，繁衍爲今天的印第安民族。

我不是人類學者，無從判斷兩種說法的正確性，只以常識觀察，很容易看出，北美的愛斯基摩人必是北亞洲人移去的。他們的面貌、膚色，根本與中、日、韓人毫無分別。最近日本NHK一位記者去那裡，回來的報告說，愛斯基摩人與日本人毫無分別。我也覺得他們比兩廣人更像中國中原人。但中南美的印第安人在我的眼中與馬來人十分相似，却與中日韓人相去甚遠。

中南美印第安的文化非常奇特。他們有曆法，在祕魯的馬丘匹丘廢墟中有一塊斜立的石頭，中穿一孔，全年只有在夏至正午時，太陽光可以穿過這個孔投影在下面的石頭上。這樣的構造一定得對天文現象經過長期觀察與研究才辦得到。可惜記載這些學問的書都被白種人毀盡了。印第安人沒有發明石灰或水泥之類的黏合劑，建造房屋時，無法使磚塊或石塊黏合，便採用打磨方法，把許多大小不等，形狀各異的石頭，一塊塊地切割、磨光成四邊都與其他石塊完全密合的程度。這工程之浩大眞是驚人。經過這麼多年，馬丘匹丘廢墟中數百間房屋的牆壁石與石之間依然密合得連一張名片都插不進，這需要技術，記載這些技術的文字，在西班牙人殘暴殺戮下，都已不存。

◉細緻文明毀於一旦

馬丘匹丘位於一個小山頂上，附近沒有要防衛的城鎮田園，所以不是軍事堡壘。它建於一條名爲烏侖巴（*Urumba*）的小河邊。山勢陡峭，石頭如何運上去？有的石頭據估計重達八十噸，則在切割以前必重達百噸以上。古印第安人似乎未發明什麼起重機械，這麼重的東西如何運上數百呎陡峭的山頂？看來這工程雖比埃及金字塔小得多，但難度可能更高。如果再考慮當年印第安人沒有鐵器，他們如何用柔軟的青銅工具處理花崗石，更令人迷惘。

我前後去馬丘匹丘三次，其中一次曾在山上旅館中住一夜。吃完飯後，出來站在山邊，周圍是一片靜寂，是那種不見人間煙火的靜寂。我不知中國大陸有多少這種靜寂地方，臺灣是沒有的。古代人要在這個地方花那麼大的力氣建一所非軍事要塞何用？耶魯大學的考古隊對馬丘匹丘作過很多研究，他們發掘了若干古墓，據說埋的都是女子。那麼，是否為躲避敵人而將婦女藏在此處呢？他們要躲避誰呢？同時，整個馬丘匹丘廢墟中沒有炭化的東西，可知那裡的人不舉火。山頂上無獸可獵，又不舉火，那幾百間房屋中住的人吃什麼呢？

在中美瓜地馬拉狄卡爾（*Tikal*）地方馬雅人廢墟中有一座劇場，表演台在最下面，有階梯百餘，十分深遠。但拿一只鎳幣在下面丟在地上，聲音清越，最上一層也清晰可聞。我自己走下去丟，讓內人在上面聽，果然清楚。這樣的建築技巧眞令人驚歎，其文字記錄也已不存。

印第安文化引人入勝之處甚多，可惜我已老邁，否則我願花數年時間，去遍遊各廢墟，到歐洲和美國圖書館找資料，對這個奇異的民族過去的歷史作點研究。

西班牙人對南美印第安人的滅種式殺戮令人髮指。這麼一個優秀精緻的文化被毀滅得連識字的人都沒有了。當年西班牙人初到南美洲遇到和平但人數眾多的印第安人，西班牙人人數雖少，武力強盛，盡情殺戮，把原有的知識份子，統治階級一齊殺盡。今天，人們在馬丘匹丘或其他廢墟旁，或在庫滋可（*Cuzco*，印加舊都）城內，看著用那麼精密磨治的石塊建成的屋基，或是那些大劇場，眞不相信旁邊那些蠢笨的土人竟是締造那麼優美文化人民的後代！一個民族的精英份子若被殺盡，就會退化成這種樣子。

◉馴順過頭的中國人

印第安人的幾近滅種的災難，和一個優美文化能夠被一小群殘暴但武力強大的盜匪所消滅，是歷史的極大悲劇。想想看，當年海運並不能運送太多兵員由歐洲遠渡重洋去南美，就這麼一小群人，到處搜殺印第安的知識份子，毀滅他們的文化財產，竟能做到使印第安文化絕跡的地步。我在庫茲可城中漫步，許多街道仍是當年所開闢，房屋的下半截還是當年的石造牆壁，不禁想像當初在這些屋壁之上的房子被毀時，必有許多男人被殺戮，女人被污辱，書籍文字被焚毀，那個時代的白種人是滿手血腥的。這和四百多年前倭寇入中國有其類似之處，當時的倭寇一群只有數十人，就能縱橫數千里，肆意屠戮，幾乎不曾遇到過眞正的敵手。三百年前，滿洲人入關，殺戮極慘，據揚州十日紀的記載，幾十個滿洲人便能殺死數百個中國人。中國人從不想抵抗，眞是馴順得過頭了，幸虧人口太多，才不曾像印第安人那樣幾乎滅了種。

一九八四年，我去瓜地馬拉，參觀過印第安人趕集。那個地方名爲*Chichicastenango*，是頗大的一座山城。從瓜地馬拉城開車去，須數小時。路上看見大片山坡地上種的玉米全被露菌病所嚴重感染，似乎沒人管。在那地方，印第安人全賴玉米爲主食，玉米失收，這些人要吃什麼度日就不知道了。

二百餘年來中南美印第安人口不曾大量增加，應與這種根本無人照顧有關。山城的市集很像我國內地落後地區的市集。人們抱著小豬出來賣，像抱孩子一樣。賣日用必需品的攤子放著不像樣但卻是他們需要的東西，如做工極粗的木碗、手織的布等等。令我訝異的是，在我國鄉間市集，東西雖也一樣粗糙，小豬也是抱著賣，但一定會有些花粉、小鏡子、針線之類的婦女用品。在那裡，我用心的去找，沒有看見。是否印第安女人不愛美，不喜縫紉，我也不知道。這許許多多奇怪的現象，讓我對中南美印第安人大感興趣。

27 印度

我在印度時間頗長。一九六二年，國際棉業諮詢會議（ＩＣＡＣ）在印度南部德干高原上的避暑大城班加洛開會，我擔任我國代表參加，副代表是王國華先生，在德里與班加洛住了三星期。一九六八年春，聯合國貿易關稅總協定大會在德里召開，會期長達兩個多月。李國鼎先生擔任團長，參加開會與閉幕大會，中間一段兩個多月時間由鄭寶南、金克和二先生與我擔任副團長，輪流參加。我在德里*Ashuka*旅館住了一個多月。這兩次會對我國的實際經貿利益關係都不大，我們都只是為防堵中共而全力參與。不開會時，空閒很多，得以四處遊覽。尤其是一九六二年，在德里與聯大同學胡季藻兄相遇，胡君當年畢業後就去印度，以教化印度苦難貧民為職志，他以宗教家的熱誠，在極其貧困的環境中教書，完全像一個西方人在中國鄉下的傳教士。他的熱愛印度人，雖在印度人反華時期，遭遇困厄而無怨無悔的態度，令我感動得不知怎麼說。從胡君那裡，我知道不少有關印度的事。我造訪他在印度大學（大概是德里大學罷）的宿舍，那種簡陋當然不能比今天台灣的各大學的宿舍，宿舍內的伙食之差更加不能相信。一塊麵餅（叫做*Nam*），一盤煮黑豆，便是主食。沒有肉，也沒有食具，用手兜起豆子來吃。奇怪的是，印度人吃那麼缺乏蛋白的食物。却大半長得頗爲粗壯，至少北印度人是很壯的。大概是牛羊奶喝得較多罷。

◉種族分歧動亂多

實際上印度是一個地理名詞，不像是一個國家，內部的分歧大極了。人種的不同十分顯眼。北印度人與當年南下的歐洲人混血，面容根本與南歐人無別，只是黑一點。但旁遮普人和巴斯人（一種與波斯人有血緣關係的人）相當白皙。甘地夫人自己看起來就很像南歐人。

印度的古文化輝煌燦爛，無須多說。印度的哲學與宗教在世界思想史上的地位極其崇高，但今天的印度人民太懶散了。生活的壓力又使他們爲了生存，不以詐騙爲恥。在鄉下旅行時，沒有路面的公路邊經常坐著許多工作年齡的男子，他們很少抽煙、聊天的，只是坐在那裡，給人的印象是生命對他們是無奈的負擔。

但印度人搞起政治來却是生龍活虎的。一九六八年，印度發生語言爭執。當時印度政府宣佈將以興都斯坦語（*Hindustani*）作爲唯一的官方語文。而全印度約只有三分之一的人會說、會讀興都斯坦語文，其餘的則使用數十種不同的語言及方言，這數十種之中有十餘種較爲重要，而最重要的則爲北部的烏爾都語和南部的塔米爾語。操烏爾都語的北部人包括旁遮普人，一般而言，高大、白皙、教育較好，自視較高。南部的塔米爾人應該是印度半島的原主人，經過多年遷徙，現在以南部與錫蘭島上爲多。印度許多語言完全不一樣，不是中國的方言差異，而是語言差異，所以在國會中大家使用英語。印度人受過教育的英語說得非常好，但發音很怪，說話又快，十分難懂。但英語仍是這國家唯一大家都能懂的語言。一旦廢英語而用興都斯坦語，對操其他語言的人當然是一種極大的不便。

那一次衝突之後，政府不再堅持只用興都斯坦語，但不久又爆發了男性避孕風波。

印度人口問題和中國大陸一樣嚴重。小小的一個印度半島，若把巴基斯坦與孟加拉加在一起，人口已近十億。僅印度一國，如不控制，到公元二千年也將有十億的人口，所以管制人口確實是印度的大事。印度政府想盡方法要抑制生育實無可厚非，但印度男人視男性結紮爲閹割，執行時又無公平法則，於是印度許多地方因強制執行而發生騷動，甘地夫人選舉失敗與此大有關聯。

◉古文明最後幻夢

我在印度，每次在塵土飛揚的公路上旅行時，看那片乾枯的大地，無數萬貧困骯髒的人民爲了生存有氣無力的勞動著，相對於古代極優美的文化遺產，如距德里甚近的泰姬馬哈皇后陵（*Taj Mahal*），和到處都看得到的古代建築遺跡，這個大半島上的文化衰退令人警覺：是否古代的幾個古文化，包括阿拉伯的和我們的，都已到了難以繼續生存的地步呢？

說到泰姬馬哈陵，工程當然沒有像中國皇帝陵寢（如最近發掘的明神宗定陵）之偉大，但鑲花大理石地面則做工十分細緻。其實印度人遺留至今的富人庭園，遠比中國的簡陋，內部陳設更不出色。各地諸侯的堡壘式宮殿都是石造的，用以防禦造反的農民是足夠了，住在那種地方實是一種刑罰。

印度的社會階級制度更可怕。信奉印度教的人被分爲四個階級，最高級的是婆羅門，僧侶屬之；其次是刹帝利，官吏武士屬之；再次爲吠舍，是自由平民；最下的是達羅維陀人是最低的一級。此外，還有不齒於人類的賤民，英國人把他們譯爲「不可接觸的人」(*Uutouchables*)。他們住在村外，操各種賤業，儘量避開一般人。但種族上，所有各階級的人倒是一樣的。

我對印度的看法是，這個國家要維護統一眞不容易，經濟開發步伐更無從加速。二十一世紀裡，這個國家也許會大致按語言、他分裂成幾個國家，但這並不能平息印度的內爭。回教徒與錫克教徒無法獨立建國，內陸的貧困不知如何解決，這些都是沒有答案的問題。

汪彝定大事年表

民國九年五月二十七日，出生於北京，行三

民國三十一年夏天，畢業於昆明國立西南聯大法律系

民國三十一年至三十四年，於重慶「時與潮」雜誌任編輯

民國三十五年初，來臺任救濟總署臺灣分署視察

民國三十六年夏，父母及弟來臺團聚

民國三十八年，任臺灣省建設廳礦務科科長

民國三十八年五月十五日，與方璇輝女士結婚

民國四十一年，任臺灣省物資局第三處處長

民國四十五年，任臺灣省煤業調節委員會總經理

民國四十八年，任外匯貿易審議委員會稽核組執行祕書及調查研究室主任

民國五十二年五月，赴印度*Bangalore*參加國際棉業諮詢會議（ICAC）

九月，赴曼谷任遠經會ECAFE INTRA-INTERNATIONAL TRADE TALK代表

自本年起至民國五十五年，數次擔任代表參加聯合國在日內瓦總部的委員會

民國五十三年，參加拉丁美洲訪問團，團長爲徐柏園，訪問南美九國

民國五十五年，任證券管理委員會主任委員

民國五十六年，代理經濟部常務次長

赴漢城任中韓經濟會議首席代表

任中日經貿會議首席代表

民國五十七年，實授經濟部常務次長

任聯合國貿易暨發展協定大會代表團副團長（印度新德里）

民國五十八年，兼任國際貿易局局長

參與第一次中美貿易談判

民國五十九年至七十年，主持對外各項經貿談判

民國六十五年，專任經濟部政務次長

參加中美斷交談判

民國七十年，任臺糖公司董事長

民國七十八年，任保生製藥股份有限公司董事長至今

Jean Hou